달의 주문

HOW TO USE THE PHASES OF THE MOON TO GET WHAT YOU WANT

달에게 기도하여 원하는 것을 얻는 방법

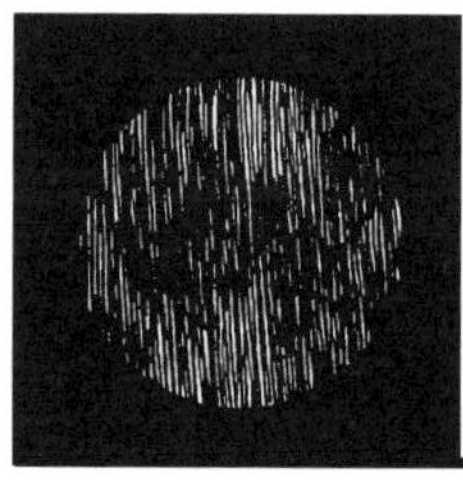

PART I
주문 준비하기

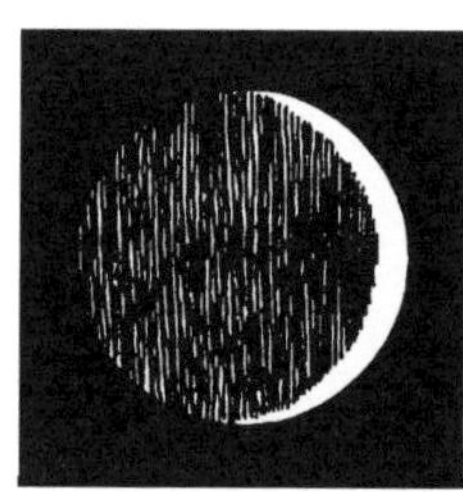

PART II
마법 환경 조성하기

PART III
주문

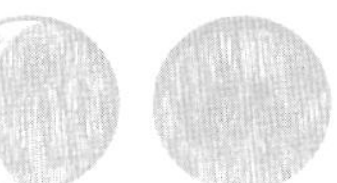

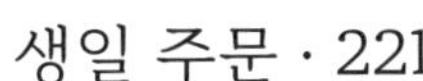

PART IV
빛의 등불

감사의 말

감사 인사를 충분히 전해도 부족한 사람들이 몇 있습니다. 저의 담당 편집자 클레어 제러스(Claire Gerus)가 그중 한 명입니다. 그녀에게 감사와 사랑을 전합니다.

또한, 로라 맥로플린(Laura MacLaughlin)과 케이트 맥브라이드(Kate McBride), 아담스 미디어(Adams Media)의 모든 분들, 이 책이 독자들의 니즈에 부합하게 만들어 준 노력에 감사합니다.

그리고 당연하게도 나의 어머니 로즈마리(Rosemarie), 언제나 제가 멋지고 남다르다고 생각해 주셨습니다. 저의 여동생 마리(Marie)의 형이상학적 통찰에 대한 연구와 조카들인 다니엘(Daniel)과 자니 프렌덴(Johnny Frenden)의 신성한 생각들에도 감사를 전합니다.

에이드리언 볼니(Adrian Volney)에게는 제가 관심사를 계속 좇을 수 있게 인내해 주고 사려깊게 생각해 준 것에 감사를 전합니다. 집 뒷마당에서 문 서클(Moon Cricle)을 만들어야만 했던 걸 이해해 줘서 고맙습니다. 볼니의 자녀들의 웃는 얼굴과 행복함을 자아내는 성격에 감사의 마음을 보냅니다.

제 소중한 친구이자, 사심 없이 이 책의 삽화 작업에 참여해 준 패티

볼츠(Patty Volz)에게 특별한 감사의 인사를 전합니다. 삽화는 너무나 잘 완성되었고, 신이 주신 재능을 그녀가 추구할 수 있어 매우 기쁩니다.

데니스 새터(Denise Satter), 표지 디자인이 정말 멋있습니다! 당신이 이 책에 생기를 불어넣어 주었어요.

로라 넬슨(Laura Nelson), 20년 넘게 봐왔지만, 당신은 내가 만난 정말 좋은 사람들 중 1명이라고 생각합니다. 지금도 그 진실은 변함이 없습니다.

또한, 데이브 스턴(Dave Stern), 당신은 인생의 폭풍 속에서 언제나 저의 등대였습니다.

데비 앨버트(Debi Albert), 아무 조건 없이 저를 지지해 주고 성공을 기원해 준 친구.

로저 고프(Roger Goff), 늘 그렇듯 당신이 가진 지혜의 말들과 지식은 변화를 이끌어 냈어요.

캐시 그리거(Kathy Greager), 진정한 달의 옹호자이자 제가 가장 좋아하는 물고기자리의 사람.

잉거 스벤슨(Inger Svenson), 당신의 스웨덴식 에너지와 통찰은 저를 일깨워 주었습니다.

팻 새뮤얼스(Pat Samuels), 당신이 보여준 새로운 것들에 대한 관심과 귀중한 의견에 감사를 전합니다.

라헬리오(Rahelio), 모든 것은 원형으로 유지해야 한다는 걸 상기시켜 주셔서 감사합니다.

조 루보(Joe Lubow), 변장한 천사.

마이크 시어리(Mike Seery), 당신과 대화를 나누는 것만으로도 용기를 얻을 수 있었고, 제가 하는 일에 확신을 가질 수 있었습니다.

캐롤린 드로건(Carolyn Drogan), 당신이 알고 있는 것보다 더 당신을 생각합니다. 나마스떼.

브랜디 키언(Brandi Keown), 당신은 버지니아 주를 빛나게 합니다.

프랭크 스미스(Frank Smith), 그의 선상가옥은 내가 책을 집필하는 동안 많이 머물렀던 곳이었습니다.

로버트 어윈(Robert Irwin)과 브렌다 브록(Brenda Brock), 샬롯(Charlotte), 데스먼드(Desmond), 앤드류 캠벨(Andrew Campbell)을 축복합니다.

공간이 한정되어 있지만 않았다면 감사의 인사를 전했을 저의 모든 고객과 친구들에게도. 마지막으로 명상을 할 때마다 저에게 매일 가르침을 준 모든 영적 스승에게도 감사를 전합니다.

들어가며

　제 이름은 달의 여신인 디아나(Diana)에서 따왔습니다. 그럼에도 불구하고, 저는 자라면서 가장 가까이 있는 천체 이웃에게 별다른 관심을 두진 않았습니다. 다른 친구들처럼요. 그러다 약 10년 전, 경찰서에서 일하던 친구가 지적하길 보름달이 뜰 무렵엔 응급 호출이 더 많이 온다고 했습니다. 그 사실은 달이 제 삶에 끼친 놀라운 영향력에 주목하게 만들었습니다.

　저는 여러 해 동안 일기를 써 왔는데, 어느 야심 찬 날 예전에 썼던 일기들을 다시 살펴보았습니다. 그리고 놀랍게도, 달의 위상(Moon Phase)과 과거에 있었던 중요한 일들 사이에 엄청난 연관성이 있다는 사실을 발견했습니다. '잘 진행됐던' 작업이나 연애는 초승달이 뜬 날 시작되었고, 안 좋았던 대부분의 일은 보름달이 뜬 날 일어났습니다. 상현달일 때는 다이어트가 영 효과가 없었지만 사업은 번창했습니다.

　제 이혼(어떤 갈등이나 나쁜 감정 없이 진행되었지만) 절차는 하현달이 뜬 날 시작되었습니다. 직감은 보름달일 때 더 정확했고, 제가 가진 에너지는 그믐달일 때 가장 낮았습니다. 완전히 매료되어 버린 저는 이 새로운 발견을 활용할 수 있는 기술을 조사하고 실험하기 시작했습니다. 우선 저에게 효과가 있었던 기법들을 찾아냈고, 다른 사람들에게도 효과가 있는지 살펴보는 것이 다음 단계였습니다.

저는 20년 넘게 직관적 상담(Intuitive Counseling)을 해오고 있습니다. 이 기간 동안 저는 인정하게 되었습니다. 고객들이 그들의 삶을 통제할 수 있도록 돕기 위해 달의 위상을 자주 활용했다는 것을 말입니다. 나는 그들이 다른 사람에게 해를 끼치지 않으면서 더 나아질 수 있도록, 그들 스스로 수행할 수 있는 의식을 제공했습니다. 이런 의식들에 기술적으로 이름을 붙인 적은 없지만, 어떤 이들은 주문이라고 생각할 법했습니다. 바로, 달의 주문(Moon Spells)이었죠.

아직 믿기지 않나요? 그렇다면 제 고객 중 한 명과 그녀의 남자 형제에 대한 이야기를 하나 해보겠습니다. 하루는 다같이 저녁 식사를 한 적이 있습니다. 그 신사는 밤새도록 자신에 대한 이야기만 했습니다. 그는 너무나 명확하게 불행해 보였고, 일자리가 없어 몹시 좌절해 있었습니다.

저는 그에게 인터뷰를 준비할 당시 달이 어떤 상을 띠고 있었는지 물었습니다. 그는 눈을 굴리며 불쾌하다는 듯 답했습니다. "달을 보는 행위가 나에게 일자리를 구해다 주진 않아요."

저는 미소를 지으며 말했습니다. "당신은 스케줄 노트를 갖고 있네요. 그냥 재미로, 지난 세 달 동안의 인터뷰 날짜를 같이 살펴보는 건 어때요?"라고 묻자 그는 마지못해 동의했죠.

그의 일정을 살펴봤을 때 그렇게 놀랍지 않았습니다. 모든 인터뷰는 하현달이 뜬 날 진행됐습니다. 이 시기는 놔주고 흘려 보내는 때이지, 새로운 시도를 시작하는 때가 아닙니다. 제가 이 사실을 설명했을 때 그는 여전히 회의적이었고 그다지 흥미 있어 보이진 않았습니다.

이 날 이후, 그는 그 주에 다른 인터뷰가 하나 잡혔다고 이야기했습니다. 저는 이때가 또다시 하현달 시기임을 알았고, 그에게 물었습니다. 달이 다시 차오를 때까지 인터뷰를 조금 미룰 수 있겠냐고 말이죠. 일자리를 구하기에 적합한 때를요.

제 고객의 설득으로, 그는 제 제안을 받아들였습니다. 그리고 인터뷰 전날(역시 그녀가 강력하게 권유한 덕분에), 우리 세 사람은 구직을 위한 그룹 주문을 수행했습니다. 이 책에서 당신도 같은 주문을 찾을 수 있을 겁니다.

다음 날 있었던 인터뷰에서, 그는 해당 자리에 적합하지 않다는 말을 들었고 곧장 집으로 달려와 저에게 전화를 걸었습니다. 그는 마치 기뻐 보이기까지 했어요. "당신의 말은 완전 허풍이에요." 그가 말하길(대략 비슷한 뜻으로), "달이랑 그 주문은 특별한 힘을 전혀 가지고 있지 않아요."

하루가 더 지난 후 아침, 전날 면접을 봤던 담당자가 그에게 전화해, 더 나은 급여를 받을 수 있는 일자리를 제안했습니다. 그는 그 일을 수락했지만, 우리가 수행했던 주문과는 아무 상관이 없을 거라며 인정하려 하지 않았습니다.

그럼에도, 그는 갑자기 2년이 넘도록 여자친구가 없다는 말을 꺼냈습니다. 혹시 그가 자신의 짝을 찾는 데 도움이 되는 주문을 알려 달라고 눈치를 준 걸까요? 아니, 그럴 리 없죠, 그가 회의주의자라면요!

저는 웃으며 사랑 주문에 대해 이야기했습니다. 그는 시도해 보는 데 동의했습니다. 말도 안 되는 일이라는 걸 증명하기 위해서라고 말이죠.

그는 초승달이 뜨기를 기다렸습니다. 새로운 사랑이 시작되기 좋은 시기이죠. 그리고 그는 혼자 있을 때 주문을 수행했습니다.

다음 날 저녁, 저는 자동응답기에서 그의 빈정대는 메시지 하나를 발견했습니다. 자신은 인생의 사랑을 만나는 데 실패했고, 이 모든 주문은 시간과 노력을 낭비한 것이었다고 했죠. 저는 그에게 전화를 걸었습니다. 그리고 그 주문은 보통 하루 이상 시간이 필요하다고 이야기했습니다. 2년을 기다렸는데, 이틀을 더 기다리는 건 큰일이 아니라고 생각했습니다. 실제로는 2주가 걸렸지만요.

그 회의론자는 마당 세일(개인 주택의 마당에서 사용하던 물건을 파는 것) 현장에서 한 여성을 만났고, 결국엔 결혼도 했습니다. 마지막으로 소식을 듣기로, 그들은 잘 살고 있으며 새로운 집과 가족을 위한 주문도 아는 게 있는지 궁금해했다는 것입니다.

당신의 손에 들린 이 책은 그 회의론자가 삶의 목표를 이루기 위해 도움받았던 것과 같은 종류의 간단한 주문과 기술을 대략적으로 서술하고 있습니다.

달의 5가지 기본적인 위상(초승달, 상현달, 보름달, 하현달, 그믐달)에 따라 주어지는 에너지들과 함께, '달의 주문(Moon Spells)'은 당신이 직면한 도전들을 극복할 수 있도록 도와줄 것입니다.

고대 문명에서는 달의 힘을 매우 숭상했습니다. 달의 위상에 따라 작물을 심었고, 셀 수 없이 많은 의식을 통해 존경심을 표했으며, 가장 성대하게 축제를 열어 찬양했습니다.

심지어 오늘날에도 보다 실용적인 차원(조수 간만의 차, 여성의 생리 주기)에서 달의 힘을 느낄 때, 우리는 여전히 밤하늘의 보름달이 가진 신비와 아름다움에 매료되고 강한 흥미를 느낍니다.

오늘날은 사실상 아마추어 점성술사가 되지 않는 이상 달의 위상 사용에 관한 출판물을 집어 들기란 불가능합니다.

저는 별자리에서 얻을 수 있는 방대한 정보를 존중하지만, 모든 사람들이 그것을 연습하거나 공부할 시간이 있는 건 아닙니다.

점성술에 복잡하게 의지하는 것과 다르게,『달의 주문』은 달의 5가지 기본 위상에 대한 이해와 우리 삶에 어떻게 적용할지에 대해 간단하게 초점이 맞춰져 있습니다. 주문은 긴장을 풀어주고, 삶의 도전들을 보다 명료하게 바라보게 하며, 달라진 의식 상태에 도달하게 해줄 것입니다. 의식의 단계에 다가감으로써 당신은 풍부한 정보를 접하게 되고, 누군가는 마법(Magick)이라고 부를 만한 걸 수행하는 능력이 주어질 것입니다.

아직도 회의적인가요? 하지만 평화와 행복을 기원하기 위해, 이 책에 담긴 기술을 시도해 보는 것도 가치가 있다고 생각합니다. 삶의 전환점이 될 수도 있죠. 적어도 며칠 동안은 아름다운 달을 바라보는 밤을 보내게 될 것입니다.

이 책을 활용하는 법

어떤 주문이든 시작하기 전에는 [PART I 주문 준비하기]를 읽어 주세요. 주문을 언제, 어디서, 어떻게 수행해야 하는지 설명된 섹션을 통해 일반적인 개념에도 익숙해지도록 하세요. 또한 강화 섹션도 잘 살펴보세요. 정리되어 있는 부수적인 개념들은 당신이 변화한 상태에 더 쉽게 도달하고 편안해지도록 도와줄 것입니다.

주문들은 개인 또는 그룹을 위해 각기 다른 배치를 보여줄 겁니다. 만약 당신이 그룹 주문(Group Spells)을 진행하고 싶다면, 아주 꼼꼼하게 내용을 읽고 어떻게 진행되어야 하는지 이해하기 위해 시간을 아끼지 마세요. 다른 사람을 이끌어야 할 때는 당신이 무엇을 하고 있는지 확실하게 알고 있어야 합니다. 과정이 혼란스러우면 당신은 사람들로부터 신뢰를 잃을 것입니다.

그리고 목차를 보면서 당신이 가장 흥미를 느끼는 주문들을 찾아보세요. 적절한 강화 아이템, 만들어야 할 대형, 주문 수행 시 가장 적합한 달의 위상을 제시할 겁니다.

만약 당신과 맞지 않는 주문들을 발견했다면, 단 하나의 단어 또는 구절일지라도 당신에게 좀 더 편한 쪽으로 바꾸도록 합니다.

음력달력(Lunar Calendar)은 달이 매일 어떤 모양을 띠는지 그림으로 보여주는데, 보름달에서부터 시작됩니다. 달력이 쓸모 없어지지 않도록 달의 위상이 만든 통로의 일반적인 형식을 사용할 예정이니, 보름달에서 시작해 모든 길을 따라가도록 하세요.

모든 디테일을 기억하려고 스스로에게 부담을 주진 마세요. 예를 들어, 어떤 색의 양초를 사용해야 하는지, 또는 당신의 상황에 가장 잘 맞는 원석은 무엇인지에 관해서요. 그걸 대신하기 위해 이 책이 존재하는 거니까요. 당신이 원하는 만큼 자주 이 책을 펼쳐보길 바랍니다. 당신이 가장 좋아하는 주문을 기억하는 것도 필수는 아닙니다. 책을 통째로 가지고 다니고 싶지 않다면, 자주 사용하는 부분만 복사해서 가지고 다니세요. 무엇보다도, 시간을 충분히 들이고 과정을 서두르지 않아야 합니다.

이 책은 특정한 신앙 체계를 권유하지 않으며, 마법에 대한 폭넓은 지식을 요구하지도 않습니다. 특정 종교와 관계가 없는, 영적인 접근입니다. 제가 요구하는 단 한 가지는 당신이 신, 더 높은 힘, 자연의 균형에 대해 믿는 것입니다. 주문과 의식에는 서로 다른 신앙 체계와 의례가 뒤섞여 있습니다. 믿음들이 섞이는 것을 믿지 않는 사람들도 있습니다. 그러나 저는 서로 다른 철학으로부터 뿜어져 나오는 진동의 조합은 강력한 결과를 가져온다는 걸 알게 되었습니다. 사실, 지금 이 순간 당신 손에 들린 이 책도 제가 수행했던 달의 주문의 결과물이죠!

오늘날 시중에 있는, 달 의식과 달의 힘을 다루는 책들은 2가지로 나뉩니다. 점성술에 의존하는 것과 자연의 종교인 위카(Wicca)를 수행하는 사람들이 쓴 것입니다.

달의 위상에 따라 점성술적인 신호가 어떻게 작용하는지 완벽하게 이해하려면 점성술 자체에 대한 광범위한 설명과 가이드 원칙에 대한 믿음이 필요합니다. 이런 관점에서 달을 다룬 책들은 보통 둘로 나뉘는데, 절반은 점성술에, 나머지 절반은 달에 초점이 맞춰져 있습니다.

토속 신앙이나 위카의 믿음을 중심으로 달을 설명하는 책들 또한 성향이 나뉘는데, 2가지 주요 주제를 각각 다시 풀어내야 합니다. 이런 믿음이 결코 잘못된 것은 아닙니다. 그들의 영적 뿌리, 자연에 대한 요점, 의도는 모두 진실됩니다. 비록 당신이 여기서 몇몇 위카 신앙과 비슷한 점을 찾게 되더라도, 이 책은 위칸(Wiccan)도, 마법서도 아닙니다. 제가 이러한 의식들을 주문이라고 부른다는 사실이 당신을 놀라게 하거나 불쾌하게 해서는 안 됩니다. 단지 우주나 당신이 믿는 신에게 매력적인 언어로 약간의 부수적인 도움을 청하는 행위니까요. 주문이라는 단어는 달 의식(Moon Ceremonies), 달 관찰(Moon Observances), 신성한 달 의례(Sacred Moon Rites) 같은 말들로 쉽게 대체할 수 있습니다.

많은 종교는 양초나 향, 성상, 성수와 같은 도구들을 사용한 그들만의 의식을 치릅니다. 색과 상징을 사용하는 것은 종교 집단의 사람들에게 중요합니다. 그래서 제가 주문이라 부르는 행위는 양초와 성수를 가까이 두고 자신이 가장 좋아하는 성인에게 집 안의 제단에서 기도를 올리는 것과 크게 다르지 않습니다.

저는 그 누구의 신념에 대해서도 판단을 한 적이 없습니다. 우리 자신보다 높은 힘에 대한 믿음, 상대방과 지구를 존중하는 것, 타인에게 의도적으로 해를 끼치지 않으려는 믿음은 모두 같은 신에 대한 응답이라고 느낍니다. 언젠가 모든 종교가 다른 신앙 체계를 존중하고 특정한 하나의 종교만이 유일하게 진실한 종교라고 믿는 건 자만임을 인정하길 바라고 또 기도합니다. 우리 모두 하나가 되어 서로를 사랑합시다. 이것이 모든 종교의 기본 아닌가요? 적어도 이것만큼은 모두가 같습니다.

주문을 수행하는 것은 다른 종교나 믿음에 반대하는 것이 아닙니다. 진동, 에너지, 요소, 근본과 함께 하는 실험이며, 잠재의식을 위한 호소입니다. 이런 행동들은 당신이 믿는 우리의 창조주가 누구든, 무엇이든 간에 그들에게 도움을 요청하는 강력한 신호입니다.

이 책은 누구든 집어들 수 있고, 더 나은 삶을 위한 힘과 변화의 원천으로 달에 접근하기 위해 사용할 수도 있습니다.『달의 주문』에서 강조하는 건 대부분의 사람들에게 익숙한 달의 5가지 기본적인 위상입니다. 같은 주제를 가진 다른 책들과 구분되는 점이기도 합니다. 그 상은 보름달(Full), 하현달(Waning), 그믐달(Dark), 초승달(New), 상현달(Waxing)이며 자세한 정보는 <언제 주문을 수행해야 할까> 섹션에서 찾을 수 있습니다.

주문 준비하기

서문

주문에 접근하려면 적잘한 이해와 준비, 생각이 필요합니다. 그래야만 당신이 불러낼 마법을 시작할 수 있습니다. 체계적인 의식은 성공적인 의식입니다. 자연의 요소들, 시기, 특정한 구성이 함께 작용하면 우리는 우주의 생명 에너지와 조화를 이룰 수 있습니다. 현명한 주문 시전자는 모든 것이 제자리를 찾을 때까지 기다리고, 보이지 않는 에너지의 자연스런 흐름이 빠르게 움직이지 않도록 합니다. 이런 준비 과정의 디테일에 스스로를 잘 맞추면 그들이 만들어 내는 특이하고 신비로운 성질들을 경험하게 될 것입니다. 노력을 통해 능숙하게 수행해 보세요. 열심히 한 만큼 결과로 보답받을 것입니다.

언제 주문을
수행해야 할까

　　주문을 수행할 때는 리듬을 맞추기 위해 달의 위상을 이용합니다. 참을성을 가지고 적절한 상이 나타날 때까지 기다려 보세요. 그렇지 않으면 원하는 결과를 얻지 못할 것입니다. 참고하기 쉽도록 주문을 수행할 때 가장 적합한 달의 위상을 정리해 두었습니다. 또한, 특정 주문에는 왜 그 위상이 가장 적합한지 이해가 잘 되도록 추가 정보도 담았습니다. 어떤 상황에서든 나만의 주문을 만드는 데 많은 도움이 될 것입니다.

달의 상

초승달(New Moon)

때때로 초생달이라고 불리기도 하는 초승달은 하늘의 가장 첫 번째 빛의 조각이라고 볼 수 있습니다. 이 상은 새로운 시작, 도전, 관계를 촉진시킵니다. 긍정적인 변화를 만들기 적절한 때이며, 새로운 커리어를 찾고 훗날 수확하기 위한 아이디어의 씨앗을 심기에도 알맞습니다.

상현달(Waxing Moon)

이 시기에는 달이 크기를 키우기 시작하며 마치 힘을 얻은 것처럼 초승달에서 보름달을 향해 나아갑니다. 그래서 자신이 가진 것을 키우는 데 집중하기 좋은 때이기도 합니다. 지식, 자산, 관계 같은 것들이죠. 임신에 대해 생각해 보기에도 좋고, 일이나 사적인 재미 등 다양한 교류를 늘리기에도 좋습니다. 만약 금전적인 성과를 얻고 싶다면 법적 문제를 이때 처리해 보세요. 상현달은 치유를 촉진합니다.

보름달(Full Moon)

가장 강력한 힘을 가진 상으로, 전체적으로 빛나는 달의 얼굴을 볼 수 있습니다. 성취와 활동, 향상된 영적 실력, 완벽한 아이디어, 자세 가다듬기의 시간입니다. 축하를 하고, 사람들이나 프로젝트에 전념하려 다시 마음을 다지기에도 좋습니다. 어떤 주문이든 수행하기 가장 좋은 시기입니다.

하현달(Waning Moon)

하현달은 크기를 줄여 나가기 시작하며 보름달에서 그믐달로의 여정을 시작합니다. 하락과 해방, 놓아줌, 마무리의 시간입니다. 다이어트를 시작하거나 나쁜 습관을 고치고, 관계를 정리하거나 법적 문제를 처리하기 가장 적합한 시기입니다.

그믐달(Dark Moon)

하늘 어디를 봐도 달이 전혀 보이지 않는 시기가 2, 3일 정도 있습니다. 그믐달과 초승달은 자주 같은 위상으로 생각되지만, 우리 목적을 위해 둘을 구분하였습니다. 일반적으로 달력에는 그믐달이 검은 점으로 표시되는데 표시된 날 전후로도 나타

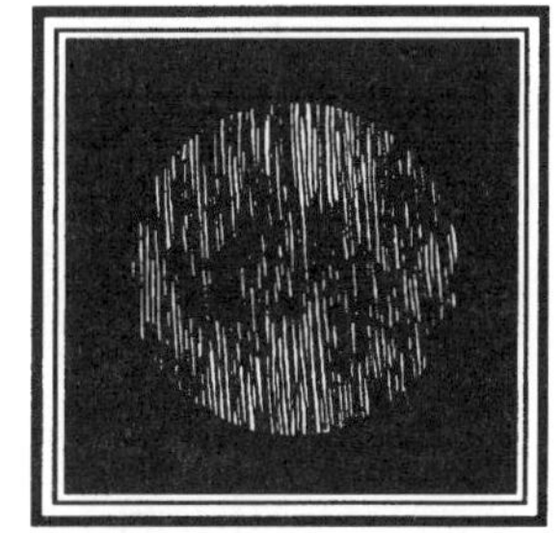

납니다. 이 시기는 당신의 삶에서 원하지 않는 것들을 정리하고 이미 이룬 것들에 대해 심사숙고하며 미래에 무엇을 이룰지 생각하기 적합합니다. 당

신 자신만을 위한 시간으로 쓰기 좋으며 마음을 기울이기에도 이상적인 시간입니다.

한 해의 달

매달 하나의 보름달이 뜹니다. 2개의 보름달이 뜨는 달은 두 번째 달을 가리켜 블루문(Blue Moon)이라고 부릅니다. 매년 하나의 블루문이 나타나며, 고대 사람들은 각 월마다 달에게 다른 이름을 붙였습니다.

각 문화권에서는 달이 자신들에게 의미하는 바를 표현하기 위해 월마다 이름을 부여했습니다. 어떤 달의 이름은 상식적인 편이지만 어떤 이름은 그 이면의 논리를 알아야만 이해할 수 있습니다.

1월

- 일반적인 이름 : 늑대달(Wolf Moon)
- 또 다른 이름 : 순수의 달(Chaste Moon)

새해의 시작으로서 정화와 개선이 필요한 달입니다. 뭔가를 다시 시작하고, 과거를 씻어 내고, 새출발을 하기 좋은 시기입니다.

2월

- 일반적인 이름 : 얼음달(Ice Moon)
- 또 다른 이름 : 굶주림의 달(Hunger Moon)

겨우내 저장물들이 고갈되며, 봄을 향한 동경이 몸과 마음의 갈망이 됩니다.

3월

- 일반적인 이름 : 폭풍달(Storm Moon)
- 또 다른 이름 : 지렁이달(Worm Moon)

땅이 녹는다는 건 삶의 재탄생을 불러오는 것입니다. 달빛 속에서 촉촉한 대지가 드러나고 지렁이가 흙을 깨고 나옵니다.

4월

- 일반적인 이름 : 성장달(Growing Moon)
- 또 다른 이름 : 분홍달(Pink Moon)

봄은 야생화의 분홍빛 꽃망울과 새로운 잔디가 자라난 목초지로 가득합니다.

5월

- 일반적인 이름 : 토끼달(Hare Moon)
- 또 다른 이름 : 젖달(Milk Moon)

들짐승과 가축들이 태어남으로써 어미의 젖과 생명, 인간과 동물의 첫 식량이 만들어집니다.

6월

- 일반적인 이름 : 벌꿀술달(Mead Moon)
- 또 다른 이름 : 한 쌍의 달(Dyad Moon)

쌍둥이자리의 달로, 쌍둥이와 신, 여신의 신성한 결합에 존경의 마음을 담습니다. 두 존재가 하나가 됩니다.

7월

- 일반적인 이름 : 건초달(Hay Moon)
- 또 다른 이름 : 풀의 달(Wort Moon)

'Wort'는 약초를 뜻하는 고대 언어입니다. 약초를 모으고 약효가 있는 식물을 저장고에 채우고 겨울이 다가오는 것을 대비해 여름의 햇살 속에서 약초들을 말리는 달입니다.

8월

- 일반적인 이름 : 옥수수달(Corn Moon)
- 또 다른 이름 : 논쟁의 달(Dispute Moon)

대지의 어머니는 풍요로운 곡식의 탄생을 선사합니다. 부른 배를 안고 지속의 희망을 가집니다. 우리는 분쟁을 조정하고 오래된 화를 떠나보냅니다. 길고 평화로운 겨울을 고대합니다.

9월

- 일반적인 이름 : 수확의 달(Harvest Moon)
- 또 다른 이름 : 포도나무의 달(Vine Moon)

켈트족에게는 흥분감이 가득한 달이며, 수확과 포도주 양조, 미래를 위한 통찰까지 모든 것을 완성하기 위해 힘을 쏟아붓습니다.

10월

- 일반적인 이름 : 피의 달 - 사냥의 시간(Blood Moon)
- 또 다른 이름 : 허물의 달(Shedding Moon)

사슴이 그들의 뿔을 떨어뜨리고 짝짓기를 시작하는 달입니다. 죽음의 겨울을 대체할 새로운 생명을 잉태하기 위해 강력한 힘이 작용합니다.

11월

- 일반적인 이름 : 눈의 달(Snow Moon)
- 또 다른 이름 : 나무의 달(Tree Moon)

켈트족의 나무인 갈대와 딱총나무의 달입니다. 갈대는 침묵과 내면 활동, 견고함을 상징하고, 딱총나무는 완성을 의미합니다. 해가 짧아지며 한 해의 마지막이 다가옵니다.

12월

- 일반적인 이름 : 혹한의 달(Cold Moon)
- 또 다른 이름 : 떡갈나무달(Oak Moon)

고대의 신성한 나무인 떡갈나무는 가장 혹독한 겨울도 견딜 수 있을 만큼 강인합니다. 새로운 해가 시작되고, 오래되고 어두운 해와 새로운 해인 두 세계를 아우릅니다. 떡갈나무의 뿌리는 어두운 땅 속에 있고, 가지는 하늘로 뻗어 있습니다.

의식을 수행하기 좋은 요일

주문을 실행할 요일 역시 의식에 영향을 미칩니다. 달의 위상만큼 중요한 건 아니지만, 요일을 잘 맞춘다면 보다 강력한 힘을 만들어 낼 수 있습니다. 예를 들어, '상대를 유혹하는 주문'은 보름달, 상현달이 뜬 금요일이 가장 적기입니다. 하지만 금요일에 적절한 상이 떠 있지 않다고 해서 크게 걱정하지 않아도 됩니다. 요일에 상관하지 말고 주문을 이어 나가세요. 요일은 '스튜에 소금 한 꼬집'을 더하는 것과 같은 겁니다. 소금은 스튜를 좀 더 맛있게 만들어 주지만 눈에 띄게 달라지진 않습니다. 모든 것이 완벽하게 준비될 때까지 몇 달을 기다릴 필요는 없습니다. 다른 모든 것이 본질적으로 완벽한데 원하는 요일이 맞지 않다면 그 안에 더 큰 뜻이 담겨 있을 수도 있죠. 당신이 주문을 시전하는 날이 당신에겐 완벽한 시기가 될 것입니다.

주문과 의식에 적합한 요일

요일	따르는 행성	가장 잘맞는 목적
월요일	달	초자연적인 시도 또는 인상(Impressions), 힘의 인도, 창의적인 아이디어, 신성한/영감을 주는 메시지, 치유
화요일	화성	성적 교류, 보호, 몸과 마음의 힘 구축, 자신감
수요일	수성	진로/직업 문제, 지적 추구, 여행 계획, 조사
목요일	목성	재정, 법적 문제, 영성(Spirituality), 개발
금요일	금성	사랑의 끌림, 관계, 화해, 외모 변화, 주변 환경 꾸미기
토요일	토성	가정 문제, 미래 계획 구상, 개인 목표 설정, 체중 감량, 나쁜 습관 버리기, 관계 등 여러 일의 마무리
일요일	태양	몸과 마음, 영혼 치유, 의사결정, 문제 해결을 위한 통찰, 신성한 개입/기적, 특별한 우정

·2·
음력달력

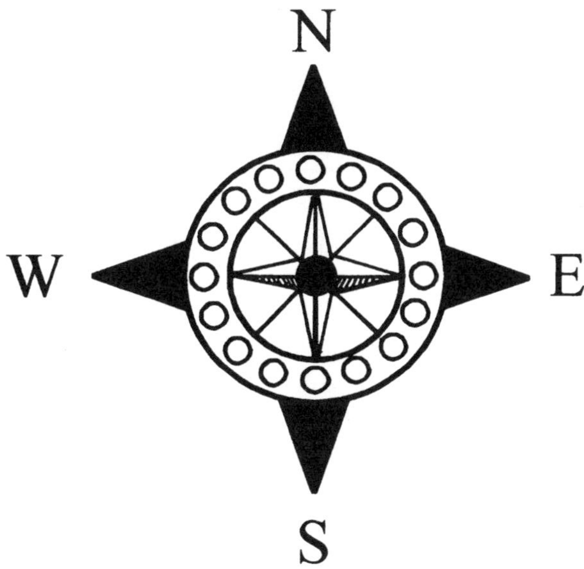

　달의 한 주기(Lunation)는 대략 보름달에서 시작해 29일 반나절 정도를 지나 다음 보름달이 뜰 때까지입니다. 달의 주기가 어떻게 이루어지는지 정보를 제공하기 위해 달의 위상이 진행되는 과정을 대략이나마 담아 보았습니다. 이해하기 쉽도록 29일 반나절은 30일로 간주합니다.

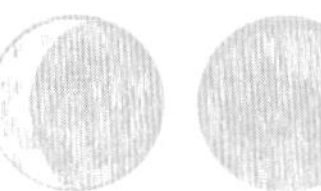

A Lunar Month

· 3 ·
어디에서 주문을
수행하면 좋을까

　　장소는 현실적으로 실행이 가능하고 나에게 가장 잘 맞는 곳이 좋습니다. 모든 것엔 장단점이 있고, 주문을 어디서 수행할지는 그다지 중요하지 않습니다. 누군가는 마법을 행하기에 야외보다 좋은 곳은 없다고 말합니다. 하지만 만약 당신이 로스앤젤레스나 디트로이트, 애틀랜타, 뉴욕 같은 도심 한가운데에 산다면 야외에서 주문을 수행하는 것이 현명한 선택은 아닙니다. 또한 우리는 아파트 환경의 현대 사회에서 살며 빠르게 달리는 차와 공사 차량의 소음으로 매우 정신이 없습니다. 중세시대에는 구급차나 비행기, 기차, 자동차 경적 소리 같은 건 고려사항이 아니었습니다. 그러므로, 우리 조상들의 상황이 아닌 현재 나의 상황을 고려해야 합니다. 당신의 특정한 환경 속에서 대안으로 삼을 수 있는 것이 무엇인지 찾아보세요.

실내

실내에서 주문을 수행하는 건 보다 쉬운 일입니다. 바람이 불어 촛불이 꺼질 일도 없고, 음악을 틀 수도 있고, 프라이버시가 보호되며 안전합니다.

달의 힘에 접근할 때는 가능하면 달이 보이는 장소를 찾아보세요. 하지만 무엇보다 중요한 건 편안함입니다. 만약 집 안에서 달을 볼 순 있지만 그 공간이 편안하지 않다면 다른 곳을 찾아보는 게 좋습니다.

만약 당신이 낮에 주문을 수행한다면, 혹은 창문이 없거나 하늘이 보이지 않는 공간에서 수행해야 한다면 달의 대체물을 사용해도 됩니다. 달 사진도 효과가 좋고 직접 그린 그림, 달을 대표하는 물건도 괜찮습니다.

화원에서 구할 수 있는 테라코타(Terra Cotta)로 된 달 장식물, 두꺼운 종이로 만든 모형 등 어떤 것이든 가능합니다. 달 모양의 팬던트나 핀도요. 창의적으로 접근해 보세요. 달을 대체할 수 있다고 생각되면 무엇이든 괜찮습니다.

명심하세요. 무엇보다 당신의 프라이버시가 가장 중요합니다. 의식에 직접 참여하지 않는 사람과는 한방에 있으면 안 됩니다. 만약 대가족이라 혼자만의 공간을 찾기 어렵다면, 화장실이 대안이 될 수 있습니다. 웃기게 들릴 수 있지만, 제가 수행했던 가장 최고의 주문 중 하나는 호텔 화장실에

서 이루어졌습니다. 주문에 그다지 관심이 없는 친구와 방을 함께 쓰고 있었거든요.

실외

자연에 둘러싸여 주문을 수행하는 일은 정말 멋진 일입니다. 하지만 대부분의 사람은 프라이버시가 보장될 만큼 충분한 야외 공간을 가지고 있지 않습니다. 공원이나 해변은 구경꾼이나 지나가는 행인의 눈길을 사로잡을 수 있습니다.

마당이 있다면 활용할 수 있겠지만, 시끄러운 이웃이나 개, 갑자기 방문하는 우편 배달부 등을 떠올리면 좋은 생각은 아닙니다. 타인의 주목을 끌어선 안 된다는 것을 기억하세요. 신중히 진행할수록 힘은 더 강력해집니다.

만약 프라이버시가 보장된 울타리가 쳐진 장소나 넓은 땅을 가지고 있다면 시도해 봐도 됩니다. 하지만 바람이 부는 날에는 양초를 쓰기 어려울 수 있습니다(상황에 따라 어떻게 사용해야 하는지 궁금하다면 관련 섹션을 살펴보세요).

무엇보다 중요한 건 당신이 언제나 안전하다고 느껴야 한다는 점입니다. 만약 밤에 주문을 수행하고 있는데 누군가 몰래 나타날까 두렵다면 주문의 의도가 힘을 잃습니다. 왜 굳이 주문에 스트레스를 더하나요?

그리고 야외 주문은 여러 명이서 할 때 효과가 더 좋습니다. 장단점을 잘 따져 보고 자신에게 맞는 방식을 선택하세요. 저는 실내, 실외에서 모두 주문을 수행해 보았고, 어느 쪽이 더 효과적이었다고 결정하진 못했습니다. 하지만 한 가지 확실한 건, 자연 속에서 마법을 수행할 수 있는 기회가 생긴다면 해보길 추천한다는 점입니다. 매우 황홀한 경험입니다.

나무 마법(Tree Magick)

나무가 많은 야외 환경을 활용할 수 있다면 특별한 나무 아래나 근처에서 주문을 수행해 보고 싶을 겁니다. 좋은 기운이 느껴지는 나무일 수도 있고, 특별한 효과를 기대해 볼 수 있는 특정 나무일 수도 있습니다. 저는 집 뒤뜰에 있는 오렌지 나무 아래에서 많은 주문을 수행했습니다.

다수의 문화권에서 나무는 치유의 힘을 지니며 사람이 가진 부정적인 에너지를 떨쳐 내줄 수 있다고 생각합니다. 나무에게는 해가 가지 않는다고 생각하면서 말이죠. 국립공원이나 동네 공원을 그저 걷기만 해도 마음이 안정되는 이유가 여기에 있습니다.

특별한 나무 근처에서 주문을 수행한다면 시간을 가지고 그 나무가 주는 에너지를 느껴 보세요. 나무가 주는 진동에 감사하는 마음을 가지세요. 미국 원주민들과 여러 문화권에서는 나무에 살아 있는 영혼이 깃들어 있다고 믿습니다.

나무를 껴안아 보는 것도 생각보다 이상한 일이 아닙니다. 때로 나무는 우리에게 필요한 특별한 성질을 가지고 있기도 합니다. 우리 몸 안에 부족한 무언가를요. 우리는 활력을 되찾아야 하고, 보통 그런 성질을 가진 나무에 끌립니다. 나무는 자신의 것이 깎여 나가지 않으면서도 우리에게 활력을 나누어 줄 수 있습니다.

예를 들어, 일이 너무 많거나 여행을 가거나 파트너 없이 지내다 보니 연애에 대한 관심이 많이 사라진 상태라면 떡갈나무(Oak) 곁에 머무르거나 껴안아 보는 것도 좋습니다. 떡갈나무는 성적 에너지를 북돋는 데 도움을 주기 때문이죠!

"도전하지 않으면 아무 것도 얻을 수 없습니다."

각각의 나무가 지니고 있다 여겨지는 성질들을 간단히 정리해 보았습니다.

물푸레나무(Ash) : 평화, 보호, 번영, 힘

자작나무(Birch) : 새로운 시작, 상처와 화상 치유

삼나무(Cedar) : 용기, 장수, 부, 자존감, 정화

코코넛 야자(Coconut Palm) : 순수, 명예, 휴식

편백나무(Cypress) : 과거의 문제, 편안함, 보호, 손실 완화

딱총나무(Elder) : 변화와 전환, 평화로운 수면, 자신감

느릅나무(Elm) : 보호, 명상, 중상모략 중단

유칼립투스(Eucalyptus) : 치유, 보호, 달과의 친밀감

라일락(Lilac) : 차크라(에너지의 중심) 활성화, 허리 통증 완화

라임나무(Lime) : 점, 성장, 정화

목련(Magnolia) : 충실함, 변화, 이완과 평온

단풍나무(Maple) : 장수, 사랑, 금전

도금양(Myrtle) : 다산, 균형, 젊음, 부유함

떡갈나무(Oak) : 성적 에너지 향상, 행운, 강인함

배나무(Pear) : 명료함, 에너지, 자신감, 스트레스 감소

피칸나무(Pecan) : 진로, 구직, 돈, 규율

소나무(Pine) : 번영, 정화, 건강, 악령 퇴치

자두나무(Plum) : 사랑과 치유, 자신감

백양나무(Poplar) : 영적세계 투영, 지혜, 정신적 치유, 새로운 시작

호두나무(Walnut) : 우울, 화, 치유, 불임 치료

버드나무(Willow) : 소원 성취, 유혹, 보호, 환자에게로 에너지 전달

나무에 깃든 마법은 꼭 달의 주문을 수행할 때만 활용되는 것이 아닙니다. 몸, 마음, 영혼의 원기회복이 필요할 때도 언제든 활용할 수 있습니다. 조용히 머리 숙여 나무에게 고마움을 전해 보세요. 특별한 힘을 전해 주고 부정적인 에너지를 가져가는 것에 대해서요. 기억할 점은, 나무는 이런 과정에서 해를 입지 않는다는 겁니다. 당신의 나쁜 에너지를 자신이 가진 성분으로 털어내고 몇 초 안에 정화할 겁니다.

어느 방향을 향해야 할까

주문을 시작할 때 고려해야 할 요소에는 방향도 있습니다. 자연의 또 다른 선물이죠. 나침반의 동서남북 방향은 주문을 시전할 때 매우 중요합니다. 올바른 방향을 바라봄으로써, 당신은 그 방향이 전하는 진동이나 에너지를 활용할 수 있습니다. 이 네 방향이 지닌 힘은 종종 간과되지만 자연이 주는 무한한 선물입니다.

네 방향을 4개의 바람으로 생각할 수도 있습니다. 당신은 북쪽, 남쪽, 동쪽, 서쪽의 바람을 불러올 수 있습니다. 나침반의 방향을 바라보고 서 있으면 돌풍 형태로 당신을 향해 불어와 에너지가 깨어나도록 할 것입니다. 바람이 불어오지 않는다면 생명력의 흐름은 한층 조심스러워지겠지만 종종 필요한 방식이긴 합니다. 주문에 따라 특정 방향을 바라보며 바람을 불러와도 됩니다. 두 가지 속도를 가진 선풍기와 비교해 볼 수 있는데, 바람

은 같은 곳에서 불어오지만 바르게 닿게 할지, 느리게 닿게 할지는 당신이 조절하면 됩니다.

또 한 가지, 당신이 불러온 바람을 실제로 느끼지 못할 가능성이 크다는 점도 기억해 주세요. 하지만 공기를 통한 보이지 않는 움직임은 당신의 주문에까지 닿도록 길을 만들고 생각한 것 이상으로 도움을 줄 겁니다. 공기 중에 마법이 존재하는 셈이죠!

이 책에 수록된 각각의 주문마다 당신이 어느 방향을 향해야 할지 적어 두었습니다. 주문을 직접 만들 수 있도록 각 방향에서 뿜어져 나오는 진동에 대해서도 자세히 담았습니다.

북쪽

흙의 원소에 해당합니다. 건강 문제, 신체 치유, 영성, 직관력 향상 또는 개발, 점, 육체적 차원을 초월해 다른 존재와의 정신 감응 시도, 자신이 믿는 상위 존재에게 길을 묻고자 할 때 북쪽을 바라보세요. 이 방향은 가장 강력한 힘을 지닌 방향입니다.

남쪽

불의 원소에 해당합니다. 사랑 문제, 모든 형태의 관계, 창의적이고 예술적인 활동 추구, 로맨틱하거나 감정적인 본성 등의 문제를 해결하고 싶을 때 남쪽을 바라보세요.

동쪽

공기의 원소에 해당합니다. 진로 문제, 강인함, 명확함, 새로운 비즈니스 기회, 재정 문제, 여분의 에너지가 많이 필요한 노력, 내면 치유, 새로운 시작 등을 원할 때 동쪽을 바라보세요.

서쪽

물의 원소에 해당합니다. 무언가에 대한 미련을 버려야 할 때, 자존감 상승, 자신 또는 타인 용서하기, 정화, 무조건적인 사랑 등의 문제라면 서쪽을 바라보세요.

★ 특별 참고 사항 : 어느 방향을 향해야 할지 확신이 서지 않는다면 북쪽을 바라보세요. 북쪽은 모든 것의 기반이 되는 방향입니다.

만약 당신이 사용하고 있는 나침반이 가리킨 방향이 달을 볼 수 없는 각도여도 걱정하지 마세요. 달의 에너지는 당신이 등을 돌리고 있어도 모든 방향에서 들어옵니다. 달 자체를 바라보려고 하는 것보단 제가 제시한 방향을 향하도록 하세요. 달에서 내려오는 에너지를 받아들이기만 하면 됩니다. 가장 이상적인 방법은 달이 머리 위 또는 그와 근접하게 떠 있을 때 야외로 나가 주문을 수행하는 것입니다. 그러면 어느 방향에서든 달을 볼 수 있죠.

★ 자주 쓰는 또 다른 방법 : 실내에서 주문을 수행할 때 밖으로 잠깐 나가 달을 보기도 합니다. 달과 연결되어 있음을 느끼고 실내로 들어와 의식을 수행하죠. 편안하게 있어도 됩니다. 달의 진동은 지붕, 산, 구름, 비, 눈 심지어 아파트 윗층도 뚫고 들어옵니다.

· 4 ·

주문을 왜,
어떻게 수행해야 할까

　　주문 시전은 의식을 수행하는 것입니다. 그런데 인생에서 원하는 것을 얻거나 좀 더 순조롭게 흐르게 하려면 주문과 의식이 꼭 필요할까요? 답은 "아니오."입니다. 당신이 강한 믿음과 의지를 가지고 있다면 그저 생각하는 것만으로도 원하는 걸 만들 수 있습니다. 즉, 마법 도구나 주문을 위한 확언, 의식 수행에 필요한 요소들이 모두 필요한 건 아닙니다.

　　그렇다면 왜 주문을 시전할까요? 이유는 여러 가지입니다. 의식을 수행하는 것은 우리의 잠재의식에 호소하는 것입니다. 행위 자체가 천천히 우리를 이끕니다. 원하는 바에 더 잘 집중할 수 있게 변화한 상태로 말이죠. 그렇게 의도와 의지가 점차 강화되는 겁니다.

의식은 양초, 향, 필요한 다른 도구 등의 마법 도구를 모으는 것에서부터 시작합니다. 도구나 강화 아이템은 상징적입니다. 당신의 잠재의식과 함께 작용하며 물질 세계에서 마법의 세계로 언제 넘어가야 할지 알려 줍니다. 주문을 위해 준비한 칼을 들 때(위칸들은 아쎄임(Athame)이라고 부릅니다), 저는 제 자신이 신비로운 영역으로 들어감을 느낍니다. 양초를 놓을 때 저는 방의 에너지가 바뀌는 것을 느낍니다. 당신은 처음부터 끝까지의 모든 감정과 느낌을 알아야 합니다. 의식에서 당신이 하는 모든 건 의도가 담겨 있어야 하며, 주문이 작동될 신비한 공간을 만드는 중이라는 걸 인지해야 합니다.

대형을 갖춘 주문을 수행하면 당신은 더 깊은 잠재의식 속으로 들어갑니다. 각 단계는 당신을 점점 더 깊이, 현실에서 멀어지게 합니다. 주문을 낭송할 때쯤엔 거대한 에너지를 만들어 낼 수 있는 힘이 생기며 원하는 바에 온전히 집중한 상태가 됩니다.

예를 들어, 원하는 직장을 얻기 위한 주문을 수행하는 것은 '내일 합격했다는 소식을 들으면 정말 좋을 텐데….'라고 집에서 가만히 앉아 생각만 하는 것보다 훨씬 강력합니다. 실제로 당신은 우주 사이로 진동을 쏘아 보내 현실로 돌아오게 만들고 있습니다. 에너지를 상승시키고 있는 것이죠.

또한 의식은 걱정만 하고 있는 대신 건설적인 무언가에 집중할 수 있게 해줍니다. 노스캐롤라이나 주 애슈빌 출신의 한 여성이 이 의견을 증명했습니다. 그녀는 은행 대출을 신청했지만 가망은 없는 상황이었습니다. 이때가 금요일이었고 결과를 들으려면 월요일까지 기다려야 했습니다. 그녀는 금요일 저녁에 저에게 전화해, 초조해서 자꾸 서성이게 되고 너무 많이 먹으며 신경쇠약자가 된 것 같다고 말했죠. 저는 주문을 하나 추천해 주었습니다. 그녀는 토요일 내내 필요한 물건을 준비했고 일요일 오후에 주문을 수행했습니다. 그녀가 알아차리기도 전에 주말은 끝나 버렸죠.

현재 상황에 고통스러워하기보다 대출을 받을 수 있도록 뭔가를 한 것이 그녀에게는 더 좋은 기회를 가져다 준 것처럼 느껴졌습니다. 실제로 효과가 있을 거라 확신하진 않았지만, 아무 데도 집중하지 못할 때보단 가치가 있다고 느낀 것이죠. 이 자체로도 의식을 수행하는 데 좋은 이유가 됩니다.

월요일 오후, 대출 담당자로부터 전화가 왔고 그녀에게 대출 승인이 떨어졌다는 말을 전했습니다. 그녀를 특별예외 처리하기로 결정했다는 말과 함께요. 주문이 발휘된 걸까요, 그저 우연이었을까요? 그녀는 무엇이 됐든 간에 주문은 해를 끼치지 않았다고 말했습니다. 걱정을 너무 많이 하고 실패를 가정하면 그렇게 결과가 만들어집니다. 그녀는 불안한 에너지를 원하는 것으로 바꿨습니다.

어떤 사람들은 재미를 위해 주문을 수행하기도 합니다. 만약 여러 사람들과 주문을 수행한다면 그 자체로 함께 창의성을 발휘하며 친해지기 좋은 방법이 될 수 있습니다. 사람을 서로 연결하는 방법인 것이죠. 개인적으로, 저는 주문을 아주 진지하게 시행하는 편이고 단순히 재미로 하진 않습니다. 자주 수행하지도 않죠. 당신이 주문을 수행하기로 결정했다면 반드시 진심 어린 필요에 의한 것이어야 합니다.

주문을 너무 자주 실행하지 마세요. 정말 특별한 경우와 이유가 있어야만 합니다. 당신이 그것을 진지하게 생각한다면 말이죠.

달의 주문을 언제 수행할지 배우는 건 매우 중요합니다. 계획을 미리 잘 짜도록 하세요. 모든 이점이 당신에게 주어질 겁니다.

주문을 어떻게 수행할 것인가 : 심화 과정

- 어떤 주문을 실행할지 결정하세요. 직접 주문을 쓸 것이라면 실행하기로 한 날 이전에 잘 준비해 두는 것이 좋습니다. 하루이틀 후에 생각이 바뀔 수도 있으니까요.

- 사용 가능한 도구나 강화 아이템을 모두 가지고 있는지 꼼꼼히 확인하세요. 의식을 수행하기 1시간 전에 상점으로 뛰어가는 건 원치 않을 거예요. 의식 당일에는 최대한 긴장을 풀어야 합니다.

- 주문을 수행할 장소를 미리 정해 두세요.

- 옷을 고른 뒤 깨끗하게 준비해 두세요.

- 바쁘게 움직이지 않도록 일정을 깔끔하게 정리해 두세요.

- 집에서 의식을 진행할 경우에는 청소를 미리 해두면 나중에 해야 할 잡일 때문에 긴장하거나 염려하지 않을 수 있습니다.

달 주문의 날 : 기초 주문

1. 전화기, 무선 호출기, 방해가 될 수 있는 모든 기기는 꺼두세요.

2. 방해가 될 수 있는 반려동물은 다른 방에 두세요.

3. 아이가 있는 경우, 사전에 약속이 되어 있다면 베이비시터에게 맡기거나 가족에게 잠시간 부탁하세요. 최소한 30분 정도의 시간이

필요합니다.

4. 샤워나 목욕을 하세요.

5. 주문 도구와 강화 아이템을 챙겨 의식을 진행할 장소로 이동하세요. 주문이 잘 준비되어 있는지도 확인하세요.

6. 음악을 사용할 예정이라면 다른 것들을 준비할 때 같이 틀어 두면 좋습니다.

7. 필요한 공간을 확보하기 위해 가구를 옮기세요.

8. 사용할 도구들은 주문이 진행될 공간 안에 놓아두세요.

9. 앞서 설명한 방향에 따라 대형을 정하고 이어질 안내에 따라 양초와 원석을 배치하세요.

10. 몸이 밝고 하얀빛에 보호받고 있다 상상하며 긴장을 풀어 보세요. 발끝부터 머리 꼭대기까지 빛이 흐르는 모습을 보세요. 대형이 당신을 보호하고, 하얀빛은 부정적인 영향으로부터 또 다른 보호막이 되어 줄 겁니다.

11. 자리에 앉아서 적당한 때가 되었다고 느낄 때 주문을 외우세요. 주문을 읊기 전에 잠시간 음악을 듣거나 조용히 앉아 준비하는 것도 좋습니다.

주문의 구체적인 절차에 대한 설명은 다음 섹션으로 이어집니다. 종이에 무언가를 쓰거나, 성배에 와인이나 주스를 담아 마시는 등의 과정이 필요할 수도 있습니다.

1. 주문 의식을 모두 마쳤다면 편안하다고 느껴질 때까지 그대로 앉아

있으세요. 모든 양초의 불을 끄고 대형을 열어 해제한 다음 즉시 떠나도록 합니다(대형을 열고 해제하는 방법은 관련된 섹션을 참고하세요).

2. 사용한 도구는 모두 정리해 제자리에 돌려놓습니다.

• 5 •

다양한 대형 만들기

    어떤 형태로든 대형을 만드는 이유는 주문을 집중시키고 뿌리내리게 하기 위함입니다. 대형은 한 장소에 에너지를 보호하고 잡아 둡니다. 대부분의 사람들은 원(Circle)을 선택하는데, 원은 시작과 끝이 없어 강하고 효과적이기 때문입니다. 원은 그 자체로 완전한 하나입니다.

    그런데 저는 주문의 종류에 따라 원을 만들고 난 뒤 그 안에 삼각형이나 사각형을 그려 넣는 것도 강력한 힘을 발휘하며 보호 역할을 한다는 걸 발견했습니다. 만약 원 안에 삼각형이나 사각형을 넣는 것이 불편하다면 원만 사용해도 됩니다. 삼각형이나 사각형을 독립적으로 사용하면 안 된다는 점만 기억하세요. 항상 원 안에 그려야 합니다.

대형을 선택하는 건 오로지 자신의 몫입니다. 그리고 옳지 않다고 생각하면 어떤 것도 억지로 할 필요는 없습니다. 잘 맞는 대형이 뭔지 확신이 서지 않는다면, 직접 실험해 보세요. 내면의 높은 자아가 당신을 이끄는 방향을 따르세요. [PART III 주문]에서, 저는 각 주문에 어떤 대형이 적합한지 제안해 두었지만 바꿔도 됩니다. 당신의 주문이므로, 당신이 원하는 대로 하면 됩니다.

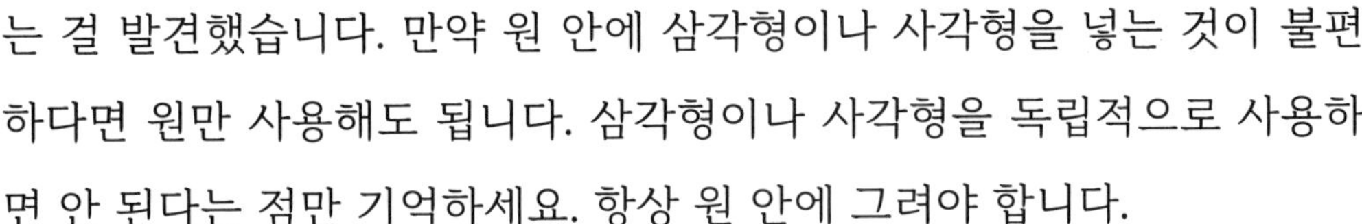

대형을 만들 때 필요한 재료들

대형 만들기의 목표는 혼자 또는 누군가와 함께 앉을 수 있는 원, 삼각형, 사각형을 만드는 것입니다. 물질적인 재료를 사용하는 이유는 눈에 잘 보이기 때문입니다. 어떤 사람들은 눈에 보이는 무언가를 사용해 공간을 물리적으로 규정하길 좋아합니다. 소금은 보존, 정화, 강화의 의미를 가지고 있는 만큼 훌륭한 선택입니다. 자연의 선물인 조약돌, 조개껍질, 돌, 나뭇가지, 꽃, 모래 등도 사용하기 좋은 재료입니다.

저는 또한 타로카드, 수정, 양초를 사용하는 경우도 보았습니다. 하지만 실내에서 의식을 수행한다면 바닥이나 카펫에 얼룩이 남는 건 원치 않을 겁니다. 야외에서는 바람에 날아가지 않는 물건을 사용하는 것이 좋습니다. 저는 의식을 수행하는 명상 정원에 벽돌로 만든, 고정된 원 대형을 가지고 있습니다. 마법을 수행할 때 에너지만 불러오면 되는 거죠. 이와 관련해서는 섹션의 후반부에 이야기해 보겠습니다.

대형을 시각화하는 법

만약 눈에 보이는 재료를 사용하지 않기로 했다면 보이지 않는 선을 상상해서 대형을 만들 수 있습니다. 이 방식으로 대형을 만들 때는 당신의 몸으로부터 길게 뻗어내 가리킬 수 있는 무언가를 사용하세요. 마법 지팡이나 수정, 칼 등이 있죠. 본질적으로는 신비한 그림 연필을 사용하는 것과 같습니다.

칼을 사용할 경우, 물리적인 어떤 것을 잘라선 안 되고 오직 의식을 수행하는 목적으로만 써야 합니다. 칼이나 단검, 긴 검 같은 걸 쓴다는 생각이 불편하면 쓰지 않아도 됩니다. 칼이 무뎌도 상관없습니다. 오직 에너지를 향하게 하는 데만 쓰이기 때문입니다.

제 친구 중 한 명은 대형을 만들 때 아름다운 편지 오프너를 사용합니다. 우습게 보일 수 있지만, 그녀는 편지 오프너로 훌륭한 마법 작업을 몇 해냈고, 랜슬롯 경의 검(Sword of Sir Lancelot)과 견주어도 포기하지 않을 겁니다! 긴 수정을 사용해 봐도 좋고, 구리 파이프(구리는 전도체입니다) 조각이나 나무 막대에 수정을 붙여 자신만의 마법 지팡이를 만들어도 좋습니다.

에너지를 가리킬 도구 중 편한 것을 찾지 못했다면 팔을 뻗어서 대형을 만들어도 됩니다. 엄지와 검지로 에너지의 방향을 가리키며 상상한 대형을 그려 보세요. 시각화로 원을 그리고 소금이나 돌 같은 물질적인 요소로 대형을 만들어도 됩니다. 아니면, 물질적인 요소로 원을 만들고 대형을 시각화하는 것도 가능하죠.

팔을 뻗는 대신 도구를 쓰기로 결정했다면 깨끗한 공간에 품위 있게 놓아두어야 합니다. 사용하기 전에 정령수(Element of Water)로 축복하거나 보름달 아래에 두어 에너지를 흡수하고 정화시키는 방법도 있습니다.

대형 만드는 법

원, 삼각형, 사각형 등 대형을 만들 때 사용할 재료를 정했다면 이제 시작할 수 있습니다. 주문에 필요한 모든 도구와 강화 아이템들은 가까운 곳에 잘 정리해 두고 생각을 미리 정리하는 것이 좋습니다. 일단 대형을 만들고 나면 자리를 벗어나지 않는 것이 제일 좋습니다. 의자에 앉아 있다면 그 자리에 그냥 두거나 대형이 만들어질 바닥 또는 테이블에 놓도록 합니다.

하얀빛의 보호막

대형을 만들기 전에, 당신 주변을 보호하는 하얀빛을 시각화하여 보호막을 불러내세요. 이 하얀빛은 부정적인 에너지가 당신의 몸 안으로 들어오는 것을 막아 줍니다. 형태는 구름, 빛의 기둥, 타원형 등 이미지로 떠올릴 수 있는 것이면 무엇이든 상관없습니다.

이 보호막은 당신이 대형을 만들 때 쓰기 위한 영역 전체를 아우를 수 있어야 합니다. 예를 들어, 6피트(약 183cm) x 6피트 크기의 사각형 대형을 만든다면 하얀빛의 보호막은 당신의 몸을 둘러싸고 최소 6피트 거리까지 형성되어야 합니다. 만약 9피트(약 274cm)짜리 원 안에 5명이 들어간다면 하얀빛의 보호막은 각 사람을 기준으로 9피트 범위까지 확장되어야 합니다.

하얀빛의 보호막을 밖으로 불러낼 때는 주문 영역 안에 서서 눈을 감고 하얀빛이 머리 위에서 아래로 흐르며 당신을 감싸고 있다고 시각화해 보세요. 이 빛은 머리 꼭대기에서 들어와 발끝까지 천천히 퍼지며 바깥쪽으로 확장됩니다. 그리고 대형의 가장 끝자리까지 닿을 겁니다. 여러 사람이 함께 하는 경우에는 각자 하얀빛 보호막을 불러내 스스로를 보호해야 합니다.

대형 그리기

이제, 주문을 시전할 때 바라보아야 할 방향을 향해 섭니다. 시계 방향으로 따라 도는데 항상 원부터 시작해야 합니다. 그런 다음 시계 방향으로 삼각형이나 사각형을 그립니다. 소금을 뿌리거나 돌을 놓아도 됩니다. 당신이 어떤 아이템을 가지고 있든 온전히 대형을 따라 돌아서 시작 지점으로 돌아와야 합니다.

대형이 완벽하지 않아도 걱정하지 마세요. 물결 모양이 되더라도 괜찮습니다. 한 사람은 주문 시전자(대형을 그리는 사람) 또는 조율자가 되어야 하며, 나머지 사람들은 대형이 완성될 때까지 그들의 공간 안에 서 있거나 앉아 있으면 됩니다. 대형이 완성되었으면 공간 안의 에너지가 모두에게 전달되도록 과정이 완료되었음을 알리는 선언을 낭독합니다.

다음의 문구를 말하면서, 서 있는 상태로 손바닥을 위로 향하게 하여 두 팔을 들어 올리세요. 마치 땅으로부터 에너지를 위로 끌어올리는 것처럼 말이죠.

"이 (원, 삼각형, 사각형)이 모든 것을 꿰뚫는 눈으로 시전하노니, 힘을 발휘해 에너지가 솟아오르게 하소서." 짧게 말하고 싶다면 "에너지가 솟아오르게 하소서."라고만 해도 됩니다.

이제 자리에 앉아, 지시에 따라 주문을 시작할 수 있습니다.

자리를 떠나야 할 경우 대형을 열고 닫는 법

주문이 완료되기 전에 대형을 떠나야 할 상황이 발생한다면 대형 밖으로 나가기 위한 문을 만들어야 합니다. 돌을 사용하든, 지팡이를 사용하든 적절한 통로가 없는 한 나가면 안 됩니다.

조개껍질로 만든 원을 사용하는 경우를 예로 들면, 자리에 서서 오른손 검지와 중지를 축복하는 모양새로 만들고(중지를 검지 쪽으로 넘겨 교차한 모양새) 조개껍질 위를 지나가면 됩니다. 손가락 높이는 당신이 편안하게 느끼는 정도면 되고, 문은 통과할 수 있을 만큼 충분히 넓어야 합니다.

보이지 않는 문을 만들었을 땐 조개껍질 위를 넘어 떠나면 됩니다. 대형을 구성한 어떤 재료도 밟지 말고 그 위를 넘어가야 합니다. 대형을 나갔다면 즉시 같은 방식으로 문을 닫으세요. 다시 들어올 때도 같은 방식으로 문을 열고, 들어온 후에는 문을 닫습니다. 이 과정은 사실상 팔을 휘두르는 동작 정도이므로 몇 초밖에 걸리지 않습니다.

대형을 떠나는 건 추천하지 않지만 일은 생기기 마련입니다. 양초를 켤 라이터를 깜빡하거나, 주문 자체를 잊어 버릴 수도 있습니다. 초인종이 울려 대답을 하러 나가야만 할 수도 있죠. 하지만 10분 이상 자리를 비우면 공간에 있던 에너지가 사라지므로 처음부터 다시 시작해야 합니다. 당신 또한 대형을 이루는 에너지의 일부이니, 당신이 그곳에 없다면 오래 살아 있지 못합니다. 일이 생겼다고 해서 해가 되는 건 아닙니다. 벽난로의 장작불이 시간이 지나 자연스럽게 꺼지는 것과 같습니다. 새롭게 불을 키우면 됩니다.

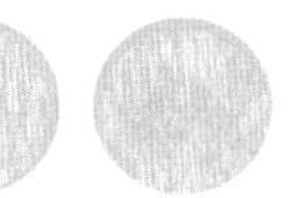

의식이 끝난 후 대형 해제하는 법

어떤 일이 끝났을 때는 반드시 끝맺음이 필요합니다. 대형에도 당연히 적용됩니다. 주문을 완수했다면 대형의 에너지를 반드시 풀어줘야 합니다. 우선, 자리에 서서 손바닥을 아래로 둔 뒤 두 팔을 어깨 위로 들어 올리세요. 마치 물속으로 뛰어들려고 하는 자세처럼요. 그 다음 부드럽게 밀어내는 동작을 하면서 양팔을 아래로 내리고 에너지가 땅으로 돌아가는 장면을 시각화하며 이렇게 말하세요. "에너지는 모두 흘러갔습니다." 다른 문구를 말해도 괜찮습니다. "그리고 그대로 이루어지리라.", "축복이 있으라.", "아멘."

원(Circle)

원은 가장 중요한 대형입니다. 다른 대형은 원 안에서 시전되어야 하는데 그럴만한 이유가 충분합니다. 실제로 효과가 있으니까요! 원은 어떤 주문이든 원하는 건 뭐든 채워 주고, 아름답고 탁월한 방식으로 성공시킵니다. 또한 보호하는 역할을 하며, 당신이 믿는 신, 다른 신들과 여신들, 우주적인 생명 에너지, 영적 가이드, 천사, 조상님들과 연결되는 공간입니다.

원은 주문 없이도 영혼 또는 내면으로부터 메시지를 받고 균형을 찾는 유일한 공간이기도 합니다. 저는 종종 특별한 이유 없이 원을 만들고 그냥 앉아서 긴장을 풉니다. 어떤 에너지도 주고받지 않고 '그저 존재합니다'([PART III 주문]의 <그 외 다양한 주문들> 섹션 내용을 참고하세요).

★ 참고 사항 : 어떤 대형을 시전해야 할지 잘 모르겠다면, 원을 선택하세요. 원은 완전체, 우주의 생명력, 힘, 성취, 균형, 감정을 상징합니다.

혼자 수행할 경우에는 원의 중앙에 앉아 주문에서 제시한 방향이나 당신이 편하다고 느끼는 방향을 바라보세요. 그룹으로 할 경우에는 항상 서로를 향해 안쪽으로 마주 봅니다. 만약 단 둘뿐이라면 서로 마주 보면 됩니다. 3명이면 안쪽에 삼각형을 만들어 각자 앉고 싶은 자리를 정합니다. 4명 이상이면 동서남북 각 방향에 1명씩 자리를 잡고 나머지 인원은 그 안을 채웁니다.

가능하다면 남녀를 번갈아 가며 배치합니다. 원의 가운데에는 누구도 앉아선 안 되며, 다른 사람들로부터 등을 돌려서도 안 됩니다. 조율자나 그룹의 리더도 다른 이들과 같은 방식으로 자리를 잡아야 합니다.

삼각형 (Triangle)

피라미드는 삼각형입니다. 몸, 마음, 영혼은 삼위일체입니다. 기독교에서는 '성부, 성자, 성령'을 인정하죠. 각기 다른 신앙 체계에서 달의 3가지 위상은 여신의 3가지 얼굴로 나타나기도 합니다 : '처녀, 어머니, 노파'. 처녀는 상현달이며 어머니는 보름달, 노파는 하현달입니다.

고대 문명에서 현대에 이르기까지 우리는 숫자 3이 가진 힘의 상징을 봐왔습니다. 3은 확장과 풍요의 숫자입니다. 고대 그리스의 수학자 피타고라스는 숫자 3이 완전한 수라고 말했습니다. 시작, 중간, 끝. 신화에서는 서로 연관이 있는 신 3명을 삼위일체로 언급하곤 했습니다.

일상적인 대화에서도 우리는 동물, 식물, 광물과 같은 분류나 육지, 공기, 바다 또는 너비, 깊이, 높이처럼 끊임없이 단어를 세 그룹으로 묶어서 사용합니다. 숫자 3은 진정으로 마법적인 숫자이며 주문이 실행될 때도 강력한 힘을 발휘합니다.

삼각형은 창의적이고 예술적인 행위의 자기 표현, 영성, 힘과 고양된 에

너지, 초감각적 능력, 영적 세계 투영, 점을 상징합니다.

주문을 혼자 수행할 경우 삼각형 대형을 활용한다면 주문에서 제안한 방향이나 당신이 편하다고 느끼는 방향을 향하면서 삼각형의 밑면에 앉으세요.

그룹으로 할 경우에는 항상 서로를 향해 안쪽으로 마주 보아야 합니다. 2명이서 실행한다면 삼각형의 왼쪽과 오른쪽 밑면에 각각 앉고 남은 한 면은 열어서 비워 둡니다. 3명이서 한다면 삼각형의 밑면에 각각 앉아 주세요. 3명 이상인 경우는 세 꼭짓점에 1명씩 앉고 나머지 인원은 편한 자리에 앉으면 됩니다.

사각형(The Square)

건물에는 4개의 벽이 있고, 탁자에는 4개의 다리가 있으며, 지도에는 4개의 방향이 있습니다. 모든 '4'는 안정성을 상징합니다. 사각형을 사용한 주문은 원이나 삼각형에 비해 강력하진 않습니다. 하지만 직장이나 경력을 위해 수행하는 주문에는 최적입니다. 매우 명확한 대형이라서 '간단명료한' 형식이라고 생각합니다.

만약 사랑을 얻고 싶다면 사각형 대형은 사용하지 마세요. 관계의 안정성에는 잘 맞을 수 있지만, 대부분은 비즈니스의 영역입니다. 사각형은 기반을 다지기 아주 좋은 구조이기도 합니다. 집이나 빌딩을 사는 것과 관련해 주문을 시행할 때 사각형이 아주 제격입니다. 아이디어를 현실화시키고 싶다면 꼭 선택해야 합니다.

사각형 대형에 끌리는 사람 중 몇몇은 워커홀릭 경향을 가지고 있습니다. 매우 실용적이고 생산적이며 조직적이죠. 만약 딱히 성공적으로 살고

있는 편이 아니거나 게으른 편이라면 사각형의 에너지가 균형을 잡는 데 도움을 줄 수 있습니다.

만약 당신이 야망이 있고 활동적이며 성실하지만, 재정적으로는 운이 따르지 않는다면 사각형이 좋은 선택이 될 수 있습니다. 사각형은 안정성, 일과 경력, 모든 비즈니스 문제, 법적인 사안, 금전 문제, 조직력을 상징합니다.

혼자 수행할 경우 사각형 대형을 활용한다면 사각형의 중앙에 앉아 주문에서 제안한 방향이나 편하게 느껴지는 방향을 향하세요. 여럿이 함께할 경우에는 항상 안쪽을 향해 서로 마주 보고 앉습니다. 2명인 경우에는 서로 마주 보되, 한 명은 북쪽, 다른 한 명은 남쪽을 향하게 앉습니다. 3명이라면 사각형 안에 삼각형을 그려 두 명은 밑면에, 한 명은 꼭짓점에 앉습니다. 4명일 때는 동서남북 각 방향을 1명씩 차지하고 4명 이상이라면 네 방향을 채운 후 가능한 남녀가 번갈아 가며 안을 채우면 됩니다.

원이든, 삼각형이든, 사각형이든, 대형을 새로 만들었든 믿음과 진실된 의도, 진지함을 담아 주문을 수행했다면 그 영역 안에서 에너지가 달라졌음을 느꼈을 것입니다. 당신은 당신만의 신비로운 공간을 만들었으며 그 누구도 권리를 주장하거나 복제할 수 없는 유일한 공간입니다. 다른 사람들과 함께했다면 공동의 노력으로 다른 어떤 집단도 따라올 수 없는 공간을 창조했을 것입니다. 그 공간은 당신에게 완벽한 곳입니다.

• 6 •
주문
체크리스트

　이 체크리스트는 책에 실린 어떤 주문을 수행하든 준비 과정에서 구성이 잘 이루어지도록 도와줄 겁니다. 필요한 내용을 기록하는 가이드로 삼아도 좋습니다. 체크리스트를 복사해 책의 앞쪽이나 뒤쪽에 끼워 두고, 언제든 사용해 보세요.

※ 이 페이지에는 직접 기입하지 마세요.

체크리스트

주문명 :　　　　　　　　　　　　페이지 번호 :

☐　양초　　　개수 :　　　색상 :

☐　성배 또는 특별한 유리잔

☐　수정 또는 원석　　　종류 :

☐　정령수

☐　불연성 용기

☐　향　　　　　　　　종류 :

☐　장신구 또는 부적　　　종류 :

☐　칼 또는 지팡이

☐　성냥 또는 라이터

☐　음악　　　　　　　종류 :

☐　종이와 펜

☐　소금

☐　포도주 또는 과일 주스

☐　기타 필요한 물품

• 7 •
시간 탐색하기

바쁜 업무 일정, 가족과의 약속, 사회 교류 활동들은 주문을 준비하고 수행할 시간을 내기 어렵게 만듭니다. 때로는 혼자 있을 단 몇 분의 시간도 확보하기 어려울 때가 있죠. 만약 혼자 살아서 자신만의 공간을 가지고 있다면 크게 문제되지 않겠지만, 아이들과 동물들로 가득 찬 집에서 살아가는 엄마, 아빠들에게는 전혀 다른 이야기일 수 있습니다.

밤의 시간을 활용하는 건 훌륭한 선택입니다. 가족들이 잠든 후, 조금

만 더 힘을 내어 새벽 2시쯤 일어나 주문을 시전할 수 있습니다. 매우 이른 아침 시간은 땅의 에너지도 낮습니다. 사람들은 잠들어 있고 혼란도 미미합니다. 실제 연구에 따르면 앞서 말한 이유 때문에 우리는 새벽 4시쯤 가장 초감각적인 상태가 된다고 합니다. 예민한 직관 상태에 도달하는 것이죠.

만약 예지몽을 꾸다가 혹은 직관적인 생각을 떠올리며 잠에서 깼다면 시간을 확인해 보세요. 높은 확률로 시계는 새벽 4시를 가리키고 있을 겁니다.

일찍 일어나는 것이 어렵다면, 낮이나 저녁 시간의 약속 몇 개를 포기해야 할 수도 있습니다. 예를 들어, 매주 친한 친구와 점심을 함께 먹거나 도예 수업을 가야 한다면 그 약속들을 희생해 마법을 시전하는 시간으로 사용해야 할 수 있죠.

가족 식사를 준비할 때 냉동식품을 전자레인지에 데우는 데 걸리는 30분에서 1시간 정도의 시간을 활용해 보세요. 주문을 얼마나 정교하게 만드느냐에 따라 다르겠지만 보통 그 안에 수행할 수 있습니다. 주문이 끝난 후 앉아서 명상을 하거나 되돌아 보는 시간을 가지는지에 따라 차이는 있습니다. 서두르지 마세요. 주문을 수행하는 건 급하게 슈퍼로 들어가 물건을 사고 재빠르게 식사를 준비해 배를 채우는 것과 다릅니다. 신비롭고, 마법적이고, 영적인 의식이며, 당신이 생각했던 것 이상으로 결과를 돌려받을 수도 있습니다. 이런 일은 서두르면 안 됩니다.

최근에 저는 친구와 함께 주문을 시전하기로 약속한 일이 있었습니다. 그런데 예상치 못한 날 그가 저희 집으로 찾아와 뭔가를 전해주며, "기왕 여기까지 왔는데, 주문 수행하는 데 10분이면 되지 않아?"라고 말했습니다. 그는 과정 자체를 이해하지 못했던 것이죠. 주문을 수행하는 날엔 무조건 천천히 준비를 해야 합니다. 기대와 준비는 당신이 원하는 걸 만들어 내는 과정의 일부이며 그만한 성과를 가져올 것입니다.

에너지의 일부는 이를 끌어올리는 데 사용됩니다. 당신이 어떤 주문을 수행할지 처음 결정하는 순간부터 시작되죠. 반려동물이나 아이를 친구 또는 베이비시터에게 맞겨야 한다면 그렇게 하세요. 그만큼 노력한 가치가 있습니다.

주문을 수행하면 직장을 잃어 사라져 버린 돈이 다시 돌아온다고 약속할 순 없습니다. 하지만 당신이 진지하게 대한다면 시간을 찾을 수 있을 겁니다. 저는 방해 받지 않으려 휴가를 내고 숙소를 따로 빌리는 사람들도 본 적이 있습니다. 만약 다른 방법이 없다면 친구가 잠시 쇼핑을 간 사이 집을 한두 시간 정도 빌릴 수 있는지 물어보세요.

전화기를 꺼두거나 완전한 정적 속에 있는 것이 어려울 수도 있습니다. 그렇다면 뇌의 오른쪽, 즉 창의성을 발휘해야 합니다. <어디에서 주문을 수행하면 좋을까> 섹션에서 언급했듯이, 혼자 있을 수 있는 유일한 공간이 집 안 화장실이라면 그곳을 활용하면 됩니다. 당신이 할 수 있는 방법이 그것뿐이라면 그건 우주에 대한 모욕이 아닙니다. 때로는 차고나 지하실, 다락방도 이용할 수 있습니다. 누군가가 당신이 뭘 하는지 궁금해 찾아 다니지만 않으면 말이죠.

• 8 •
장애물
극복하기

　주문을 시전하는 과정에서 발생할 만한 문제로는 정신적인 문제와 물리적인 문제, 2가지 유형이 있습니다. 정신적인 문제는 종교적 신념에 대한 갈등이나 주변 사람들이 당신을 어떻게 생각할지에 대한 두려움에 기인할 수 있습니다. 모든 종교적 믿음에는 어떤 형태로든 의식이나 예식이 포함되어 있습니다. 그 누구도 이런 의식을 수행하기 위해 당신이 믿는 종교를 떠나라고 하지 않습니다. 이건 단지 삶을 강화시키는 실천일 뿐입니다. 누군가에게 상처를 주거나 속이는 것도 아니고 신성모독을 하는 것도 아닙니다.

만약 성직자가 당신에게 이건 올바른 것이 아니며 신을 거스르는 일이라 말한다면 선택은 당신에게 달려 있습니다. 저는 단지 당신의 잠재의식이 무언가를 일으키기 위한 과정으로 당신을 이끄는 중이라고 생각합니다.

저는 유대교, 가톨릭, 불교 등 다양한 신앙을 가진 좋은 친구들과 고객들을 알고 있고, 그들은 모두 자신의 삶을 더 나아지게 하기 위해 주문 마법을 사용합니다. 그들은 광장 한가운데서 연설을 하지도 않고 세상이 그들의 수행을 알게끔 하지도 않습니다. 그들은 마음 속에서 깨달음을 얻었고 죄책감이나 후회도 없습니다.

이런 문제들을 다른 사람들과 이야기할지 말지는 오로지 당신이 결정하면 됩니다. 하지만 이런 생각을 경멸하는 사람들과 살고 있다면 권유하지 않겠습니다. 그런 생각이 틀렸다기보다는, 어떤 사람들은 그들이 이해하지 못하는 걸 두려워하기 때문입니다.

형이상학적 주제는 논쟁의 여지가 있습니다. 주문을 수행하는 사람이 겪는 가장 큰 딜레마 중 하나는 파트너나 가족이 이런 활동을 인정하지 않을 때입니다. 자신과 같은 생각을 가지고 있길 요구하기도 하고, 다른 걸 시도하거나 실험하는 걸 원치 않기도 합니다. 형이상학적 믿음을 수행한다는 이유로 이혼까지 한 사례도 본 적이 있습니다. 상식적으로 생각하고, 사람들이 말하듯 "양심에 따라 행동하세요."

믿음 체계와 삶의 방식은 매우 개인적인 것입니다. 목적지로 가는 2개의 길이 같은 지도에서 발견될 순 없습니다. 다른 사람의 관점을 존중하

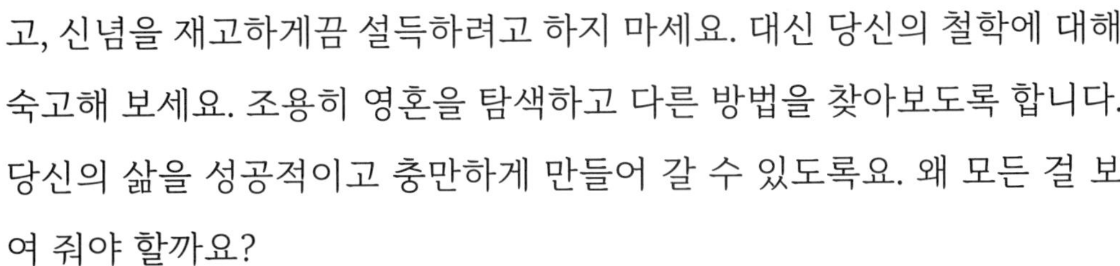

고, 신념을 재고하게끔 설득하려고 하지 마세요. 대신 당신의 철학에 대해 숙고해 보세요. 조용히 영혼을 탐색하고 다른 방법을 찾아보도록 합니다. 당신의 삶을 성공적이고 충만하게 만들어 갈 수 있도록요. 왜 모든 걸 보여 줘야 할까요?

우리에게는 호기심의 새로운 길을 철저하게 살펴볼 권리가 있습니다. 당신 주변의 누군가가 동의하지 않는다면 다른 곳에서 의식을 수행하는 것을 고려해 보거나 개인적인 공간에서 머물러도 됩니다. 중요한 건 당신은 물리적으로, 정신적으로, 감정적으로, 영적으로 그 누구에게도 해를 끼치지 않는다는 겁니다.

애리조나 주의 세도나에서 집을 임대해 살던 시절, 저는 동네 아래쪽에 사는 70대 여성을 만난 적이 있습니다. 그녀는 매우 사랑스러운 사람이었고 우리는 짧은 시간 내에 친구가 되었습니다. 나는 그녀에게 내가 작가라는 사실을 이야기했고, 그녀는 어떤 이야기를 쓰냐고 물었습니다. 당시 저는 기도와 영성의 힘에 대한 글을 쓰고 있었고, 간략하게 요약해 전달했습니다. 제가 집안의 3대 심령술사이며 형이상학을 믿는다고 밝히진 않았습니다. 세도나에 몇 개의 회오리 바람이 지나갔을 무렵, 그녀는 '뉴에이저(New Agers)'라고 불리는 사람들에 대해 이야기했는데 제가 그 정의에 딱 부합하는 사람이었습니다. 저는 그녀를 정말 좋아했지만 뉴에이지 사상을 변호하거나 설명하진 않았습니다.

저는 그것이 최선이라고 생각했습니다. 무엇을 증명하고, 무엇을 달성한 걸까요? 저는 거짓말을 한 것이 아닙니다. 단지 어느 쪽으로도 의견을 내지 않은 것뿐입니다. 저의 강점 중 하나는 어떤 사람과 무엇을 이야기해도 되는지, 또 언제 하지 말아야 하는지를 아는 것입니다. 저는 누군가가 그들의 믿음으로 저를 설득하려 하는 걸 원하지 않고, 누군가 저에게 묻거나 관심을 보이지 않으면 제 믿음에 대해 이야기를 나누고 싶지 않습니다.

모든 경우에 있어서, 이런 민감한 주제는 신중하게 다루어야 합니다. 만약 주문을 수행하는 행위를 부정적으로 여기는 집에 살고 있다면 그들에 대한 존중과 분별력을 보여 주세요. 상황을 품위 있게 해결하고, 그들이 당신을 어떻게 생각하든 당신은 그렇게 남을 판단하지 않는다는 걸 보여 주세요.

만약 주문을 만드는 일이 어렵게 느껴지기 시작했다면 마음의 평화를 해치면서까지 할 필요는 없습니다. 즉시 멈추길 추천해요. 당신의 생각과 의식, 결과를 사랑한다면 계속해도 좋습니다. 타인에게 의도적으로 해를 입히거나 다치게 하지 않는 한 스스로에게 충실하세요. 주문이 당신에게 효과가 있다면 비슷한 생각을 가진 사람들과 공유하고 싶어질 수도 있습니다.

마법을 수행할 때 당신이 극복해야 할 다른 종류의 도전은 무언가를 실행하게 만드는 것의 물리적인 측면입니다.

당신이 아주 작은 공간에 있고 서랍장이나 침대가 방을 차지하고 있어 원을 만들 수 없을 것 같아도 큰 문제가 되지 않습니다. 어떤 장애물이 있든 그 위에 대형을 그리면 됩니다. 소금 같은 물질적 재료 대신 시각화 기술을 사용해 대형을 만들어야겠다는 생각이 들 겁니다. 양초나 다른 아이템을 쓸 수 없는 공간이라도 일단 진행해 보세요. 당신이 이루어 낼 수 있는 것들에 깜짝 놀랄 겁니다.

야외에서 주문을 수행할 때 날씨도 언제나 중요한 요소입니다. 제가 캔자스시티에서 강연을 진행했을 때 질문을 하나 받았는데, 비가 올 때도 야외에서 주문을 시전할 수 있냐는 것이었습니다. 제 대답은 어땠을까요? "번개만 치지 않는다면 왜 안 되겠어요?"였습니다. 빗방울이 가볍게 떨어지고 있는 야외에 앉아 있다면, 정령수가 당신의 주문 속으로 들어와 추가로 힘을 더해주고 있다고 느낄 수 있죠. 어떤 사람은 비를 정화나 청결의 상징으로 보기도 합니다.

하지만 저는 비를 맞으며 집중하려고 하면 평온함이 깨집니다. 그래서 실내에서 수행하거나 일정을 아예 다시 잡곤 하죠. 개인의 선호도에 따라 다른 겁니다. 기억해야 할 한 가지는, 당신을 산만하게 만들고 집중을 방해하는 요소 때문에 스스로를 스트레스 상황으로 몰아넣지 말라는 것입니다. 왜 굳이 그렇게 해야 할까요?

반려동물에 대해서도, 모든 사람이 반려동물을 따로 둘 방을 가지고 있는 건 아닙니다. 주문을 수행하는 동안 동물을 가두는 건 옳지 않다고 느낄 수도 있습니다. 가끔 동물들은 할퀴거나 짖으며 저항하는 등 화를 표출하기도 하죠. 당신의 반려동물이 조용하고 얌전히 앉아 있을 수 있다면 그 평화로운 생물체도 의식의 일부로 포함시켜도 됩니다. 하지만 대형 안당신 곁에 두는 편이 나을 겁니다. 대형 안팎을 오가며 돌아다니는 것보다는요.

그룹 의식에도 사람 대신 당신의 사랑스런 반려동물이 자리하게 할 수 있을까요? 동물이 주문을 이해하고 같은 의도로 집중하지 못한다면 가능할 것 같진 않네요.

·9·
문 서클
만들기와 걷기

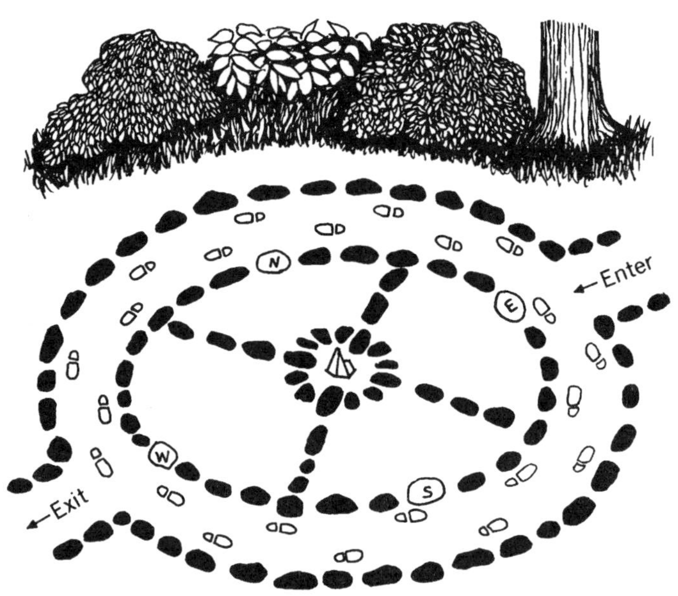

　문 서클은 미래에 대한 메시지를 받는 장소입니다. 혼자서도 만들 수 있고, 다른 사람들과 함께 만들 수도 있습니다. 조개껍질, 암석, 돌, 벽돌, 솔방울 등 어떤 것이든 재료가 될 수 있죠.

　원이 사용되는 이유는 에너지가 더 빠르게 생성되고, 계속 회전하면서 진동을 만들어 내기 때문입니다. 이 진동은 당신이 미래로 더 쉽게 넘어갈 수 있도록 이끕니다. 원은 4가지의 주요 방향으로 나뉘는데, 각각은

특정한 의미와 통찰을 담고 있습니다.

　문 서클은 진실한 사람들이 문제를 해결하고 상황을 더 잘 이해해 미래를 예측할 수 있도록 돕는 공간입니다. 문 서클을 통해 당신은 우주의 생명 에너지로부터 메시지를 받고, 불협화음이 삶 속으로 들어오는 것을 막을 수 있습니다. 마치 미래를 비추는 마법의 거울과도 같죠.

　미국 원주민 전통 중에는 '메디슨 휠(Medicine Wheel)'이라는 것이 있는데, 기본적으로 비슷한 점이 있지만 본질적으론 전혀 다릅니다. 저는 메디슨 휠을 매우 존중하며, 치유와 균형을 위한 강력한 도구라고 생각합니다. 그러나 이 둘은 혼동해서는 안 됩니다. 메디슨 휠은 훨씬 더 복잡하며, 원주민 신앙 체계에 대한 이해도가 높아야 합니다.

문 서클 만드는 법

　널찍한 야외 공간이 있는 장소에 살고 있다면 임시로 만들거나 영구적으로 설치할 수도 있습니다. 자연 속에 만들 능력을 갖추고 있다면 땅과 연결된 느낌을 더 잘 받을 수 있습니다. 그럴 기회가 없다면 집 거실이나 또 다른 실내 공간에 만들어도 됩니다.

　당신의 서클을 만들 공간을 선택하세요. '기분이 좋다'고 느껴지는 장소에 만들면 됩니다. 돌이나 지표를 이용해 동서남북 네 방향을 구별해 두세요. 그런 다음 수정이나 돌 등으로 둘러싸인 중심에 두 번째 원을 작게 만듭니다. 중심에 있는 원은 에너지 중심점입니다.

　두 원을 둘러싼 세 번째의 가장 큰 원을 만들 수도 있습니다. 안쪽의 원을 아우르며 에너지가 머물게 합니다. <문 서클 만들기와 걷기> 섹션 66쪽의 그림처럼, 원 안으로 들어가는 입구는 동쪽에, 밖으로 나오는 출구는

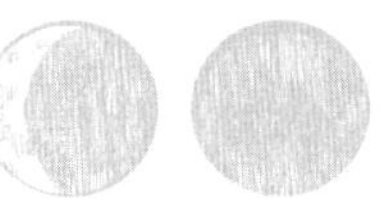

서쪽에 만듭니다.

아주 간략하게 임시로 서클을 만들고자 한다면 돌이나 수정, 조개껍질, 벽돌 등 중심점을 표시할 수 있는 재료를 5개 준비하면 됩니다. 동서남북 각 방향에 돌을 놓고 하나는 가운데에 둡니다. 십자가 모양처럼 보일 수 있는데, 바깥쪽 돌을 연결하는 보이지 않는 원을 시각화해야만 합니다.

서클의 크기도 신중히 고려하세요. 혼자 주문을 수행할 경우에는 작은 원이면 충분합니다. 다른 사람과 함께할 계획이라면 모두가 들어가도 충분할 만큼 크게 만들어야 합니다. 또한 앉는 자세도 고려해야 합니다. 모든 사람이 몸을 자유롭게 구부리거나 움직일 수 있는 건 아니니까요. 필요하다면 의식을 시작하기 전에 원 안에 의자나 스툴, 베개를 놓아두도록 하세요. 저는 야외에서 의식을 진행할 때 큰 통나무를 쓰곤 합니다.

문 서클 걷는 법

문 서클이 완성되면 동쪽으로 입장합니다. 동쪽은 태양이 떠오르고 모든 통로가 열리는 방향입니다. 나갈 때는 태양이 지는 방향인 서쪽으로 나가야 합니다. 세 겹의 원을 쓴다면 들어가는 지점이 이미 만들어져 있을 겁니다.

이제 나 자신과 원을 정화해야 합니다. 하얀 세이지(Sage)의 훈연된 나뭇가지를 사용하곤 하는데, 건강식품점이나 뉴에이지 선물 가게에서 살 수 있습니다. 나뭇가지에 불을 붙여 연기가 나기 시작하면, 나쁜 것을 몰아낸다는 의미로 연기 앞뒤를 오가거나 몸 주변으로 연기가 지나게 해주세요. 연기로 목욕을 하는 것처럼 말이죠. 다른 사람과 함께 할 때도 그들 주변으로 연기가 흐르게 하면 됩니다.

　어떤 사람들은 떨어지려고 하는 세이지 잎을 조개껍질에 담아 불을 붙인 다음 깃털을 이용해 연기를 퍼뜨리기도 합니다. 하지만 세이지 나뭇가지를 사용하면 다른 도구가 필요 없기 때문에 가장 간편합니다.

　다음으로는, 연기를 같은 방식으로 원 안에 퍼트려서 부정적 기운을 제거합니다. 세이지 나뭇가지가 없거나 연기를 피우고 싶지 않다면 원 위에서 손을 쓸어내리듯 움직이며 부정적인 에너지가 원을 빠져나가는 모습을 상상해 보세요. 그리고 스스로를 정화하기 위해 몸 앞에서 손을 흔듭니다. 부정적인 에너지를 몸 밖으로 내쫓듯이 말이죠. 가장 빠르고 간단한 방법이긴 하지만 가능하면 훈연된 나뭇가지를 사용하길 권합니다.

　이제 서클을 걸을 준비가 다 됐습니다. 동쪽에서 시작해 시계 방향으로 적어도 세 바퀴를 걷습니다. 숫자 3은 곱셈의 수이므로 원의 에너지를 일으키기 위해 3의 주기가 필요합니다. 세 바퀴를 걸은 후에도 원 안의 에너지 흐름이 느껴지지 않는다면 그만해도 되겠다고 느껴질 때까지 계속 걸으세요.

　다른 사람들과 함께 하고 있다면 그들도 같이 걸어야 하고, 멈출 때는 자연스럽게 이끌린 방향에 멈춰서 그 자리에 앉으면 됩니다. 함께 걷는 사람들이 당신과 같은 방향에서 멈추지 않거나, 그들만의 특별한 자리에 다다를 때까지 계속 걷고 싶어할 수도 있습니다. 당신과 같은 방향을 선택할 수도 있고, 반대편에 앉을 수도 있죠. 맞거나 틀린 건 없습니다. 누군가와 공간을 공유한다고 해서 당신의 에너지가 약해지거나 받아야 할 메시지의 양이 적어지진 않습니다.

　자리에 앉을 때는 손바닥을 위로 해 무언가를 받는 자세를 취하거나 손을 교차하는 등 제한된 방식으로 집중해야 합니다. 일부 사람들은 명상을 하거나 우주 에너지와 접속할 때 다리나 손을 교차하는 게 좋지 않다고 합니다. 저는 두 자세 모두 해보았는데 자신에게 편안한 것이 가장 중요하다고 생각합니다. 특별한 의식에는 편안함과 이완이 중요하기 때문입니다.

항상 원 가운데에 있는 에너지 중심점을 향해 안쪽을 바라보고 앉으세요. 즉, 당신이 북쪽 영역에 앉았다면 실제로는 남쪽을 바라보고 있어야 합니다. 당신이 받게 될 메시지는 북쪽 에너지가 교차한 남쪽 에너지일 것입니다. 어떤 방향으로 끝났는지 알 필요는 없습니다. 나중에 알게 될 겁니다.

당신이 정한 방향이나 메시지 포인트에 앉았다면 마음을 차분하게 하고 편하게 있으세요. 메시지가 당신에게 다가오게 합니다. 어디에 앉았든 마음을 가라앉히고 편안히 쉬면서 메시지가 자연스럽게 떠오르도록 합니다. 원한다면 조용히 질문을 던져 직관적으로 어떤 답이 오는지 살펴보세요. 집단의식(Collective Consciousness)으로부터 메시지를 받았다고 느낀다면 시간을 가지고 천천히 일어나세요.

원의 에너지에게 감사 인사를 전합니다. 당신만의 언어로 전해도 좋고, "나를 인도해 준 지구와 생명의 힘에게 감사를 전합니다."라고 소리 내어 말해도 좋습니다. 원하는 방식을 선택하세요. 고개를 숙여 인사하며 간단하게 감사 인사를 전해도 됩니다. 위로부터 전달된 힘이 당신을 돕고 인도하기 위해 찾아왔음을 알리도록 하세요. 이제 해가 지는 서쪽 방향으로 서클을 떠나며 의식을 마무리합니다.

네 방향이 가진 의미

북쪽

북쪽은 지혜와 완성의 힘이 튀어오르는 방향입니다. 인생에서 도전해야 했던 것들로부터 벗어나 자유로워지며 모든 일의 균형을 맞추기 위한 시간이기도 합니다. 북쪽의 메시지는 바로 지금 이 순간, 실용적인 해결책과 상식적인 접근을 통해 문제의 답을 찾으라는 것입니다.

위로, 북쪽을 향해 나아갈수록 우리의 여정은 더 힘들어질 것입니다. 사이클의 마지막에 가까워지고 있기 때문입니다. 하지만 북쪽은 우리에게 알려 줍니다. 완성에 가까워지고 있으므로 포기할 때가 아니라고 말이죠. 끝에 도달하는 건 어렵지만 그에 상응하는 가치가 있을 겁니다.

북쪽은 일이 마무리되는 지점이며 가장 대등하게 느껴지는 곳이기도 합니다. 힘과 조직력, 통찰, 정의를 상징하므로, 어떤 방향으로 가야 할지 모르겠다면, 북쪽을 향하세요.

남쪽

감정적인 모든 것은 남쪽에서 비롯됩니다. 상징적으로, 남쪽은 미래를 준비하는 시기입니다. 감정의 장소이자 사랑의 영역이기도 합니다. 열정과 충만함을 대표하며, 우리 몸을 통제하는 법을 다시 상기시켜 줍니다.

우리는 감정적인 자신을 통제하는 법과 타인을 다치게 하지 않으면서 감정을 표현하는 법을 배웁니다. 아픔과 분노 같은 감정을 풀어내는 법도 배울 수 있습니다. 창의성 또한 남쪽에서 비롯되며, 예술적 추구와 상상력, 독창성과 관련된 문제들을 연결할 수 있습니다.

동쪽

우리의 하루는 동쪽에서 시작합니다. 동쪽은 개선, 탄생, 부활을 상징하며 자연스러움, 순수함, 희망, 신뢰를 찾을 수 있습니다. 첫 번째 빛이 동쪽에서 들어와, 리더십과 인도를 제공합니다.

우리는 동쪽의 메시지를 통해 많은 교훈을 얻습니다. 볼 수도, 느낄 수도, 만질 수도 없는 것들을 믿는 법을 배우며, 이해할 수 없는 것들에 대해 마음을 여는 법도 배웁니다. 동쪽은 새로운 모험 또는 인생의 다른 길을 통해 깨어나는 공간입니다.

우리가 미래로 나아가야 함을 인정하고 현재를 받아들여야 한다고 인식하는 것 또한 동쪽으로부터 시작됩니다. 이를 완수하고 나면 다른 방향으로 움직일 수 있습니다. 동쪽은 사랑, 진로, 건강, 영성, 균형 등 삶의 모든 것이 잉태되는 곳입니다.

어쩌면 당신은 이미 삶의 수많은 시험을 통과했을지도 모릅니다. 그러나 영혼이 당신을 다시 시작하게 하거나 새로운 무언가에 도전하도록 이끈다면 동쪽으로 향하는 자신의 모습을 찾을 수 있을 것입니다.

서쪽

태양은 서쪽으로 지며 밤과 신비, 꿈을 불러옵니다. 서쪽은 미지의 세계로 향하는 관문이며, 어떤 상황이나 목표의 완성을 의미하기도 합니다.

서쪽은 당신이 오랫동안 미뤄왔던 일을 마무리할 시점이 되었음을 알려 줍니다. 힘과 기운이 형성되며 결단과 발전을 진행하게 합니다. 안내에 따라 우리 자신 안으로 들어가게 하며, 에너지는 차분해지고 긴장 수준은 태양처럼 안정됩니다.

우리는 우리 자신을 받아들입니다. 하지만 그 모습이 마음에 들지 않으면 바꾸어야 합니다.

문 서클 안에서 특별한 메시지나 해답을 찾으려는 건 아니지만 특정 방향과 연결되고 싶다면 원을 걸으면서 인도받고 싶다 느끼는 방향을 향해 앉으세요. 그리고 명상을 통해 에너지를 흡수하세요. 예를 들어, 새 직장의 면접을 봐야 할지 고민된다면 동쪽 방향으로 앉아 집중해 보는 겁니다.

단, 북쪽 방향에서 너무 오래 명상하지는 마세요. 북쪽은 겨울과 같아서 따뜻함을 잃을 수 있습니다. 모든 방향을 균형 있게 사용하도록 하세요.

PART II

마법 환경 조성하기

서문

주문을 성공하기 위해선 영감을 주는 편안한 분위기와 적절한 환경을 만드는 것이 제일 중요합니다. 몇몇 강화된 생각들과 마법 도구들은 주문의 필수 요소입니다. 또한 주문에 따라 선택 가능한 요소는 무엇인지도 알려 줄 겁니다. 모든 아이디어를 한번에 다 시도해야 한다고 생각하지 마세요. 실험을 해보세요.

·10·
마법
강화 아이템들

음식과 음료

아주 간단하게 말할 수 있습니다 : 가볍게 유지하세요! 배가 부른 상태에서 주문을 수행하는 건 추천하지 않습니다. 밀도 높은 식사는 당신을 졸리고 불편하게 만듭니다. 주문을 시전하는 날엔 고기를 먹지 않는 것이 좋습니다. 가능하면 과일이나 야채 스틱을 드세요. 생선을 구워서 먹는 것도 좋은 선택입니다. 하지만 튀겨 먹거나 진한 소스와 같이 먹는 건 피하세요. 음식을 먹고 난 뒤에는 최소 2시간 정도 기다렸다가 주문을 시작하도록 합니다.

카페인이 든 음료나 탄산음료는 피하는 게 좋습니다. 증류수는 불순물이 제거된 상태이므로 훌륭한 선택입니다. 카페인이 없는 허브차 한 잔을 마시면 진정이 되고 편안해질 겁니다. 캐모마일(Chamomile)과 시계풀(Passionflower)을 섞어서 마셔 보세요. 몇몇 주문은 의식을 진행할 때 와인 한 모금이나 과일 주스를 마셔야 하는데 지나치게 많이 마시진 않도록 합니다.

의복

음식, 음료와 마찬가지로 간단하게 말할 수 있습니다 : 자연스럽게, 느슨하게, 깨끗하게. 면 100%는 현명한 선택입니다. 하얀 색의 얇고 헐렁한 천옷은 움직임에 제약이 없고 청결함과 순수함을 느끼게 해줄 겁니다. 몇몇은 특별한 의식을 위한 색이 담긴 옷을 찾는 데 즐거운 시간을 보냅니다. 83쪽의 '양초 색깔에 담긴 의미' 표를 참고하면 도움이 될 겁니다.

면으로 된 옷이 없다면 면이 섞여 있는 식의 가장 비슷한 옷을 고르세요. 편안한 게 제일 중요합니다. 딱 붙는 청바지나 벨트는 몸을 불편하게 만듭니다. 하지만 당신이 가진 옷 중 청바지가 가장 편하다면 입어도 됩니다. 대부분의 청바지는 100% 면으로 만들어졌으니까요. 사적인 공간에 있다면 가운이나 타월, 큰 사이즈의 티셔츠를 입어도 됩니다. 옷을 다 벗고 있는 것도 고려해 볼 수 있겠죠. 당신이 선택하기 나름입니다.

옷을 입기 전에는 목욕이나 샤워를 하세요. 새롭고 깨끗하게 시작할 수 있습니다. 몸의 부정적 기운을 닦아낸다고 생각해 보세요. 음악과 양초를 같이 활용하는 것도 아주 좋은 생각입니다.

그룹으로 주문을 수행할 때는 집을 나서기 전이나 사람들과 만나기 전에 몸을 닦도록 합니다. 샤워를 할 수 없는 상황이라면 손과 얼굴만이라도 닦으세요. 발까지 닦을 수 있다면 훨씬 좋습니다. 물을 쓸 수 없는 상황이라면 손을 흔들어 부정적 기운이 사라지는 모습을 시각화해 보세요.

음악

음악은 평온한 감각을 만들어 내는 능력이 있습니다. 물론, 적절한 음악이어야 합니다.

당신이 이 책을 읽고 있다는 점에서 저는 당신이 평화와 행복을 추구하는 사람이라고 느낄 수 있습니다. 분명 당신은 자신을 편안하게 만드는 음악 목록을 가지고 있을 겁니다. 느린 클래식 음악이나 뉴에이지 음악이 아마 가장 인기 있을 겁니다. 드럼 연주나 성가 녹음본도 고려해 볼 만합니다. 자연 소리를 담은 테이프는 부드러운 배경 음악을 제공하며 대부분의 백화점이나 음반 가게에서 찾을 수 있습니다.

새로운 테이프나 CD를 샀다면 의식에 사용하기 전에 전체적으로 한 번 들어보세요. 앞의 두 곡이 적절하더라도 세 번째 곡부터 30 데시벨을 넘어서며 늑대가 울부짖는 소리가 흘러나온다면 당신은 변화된 상태에서 무너질 수 있습니다.

만약 시간이 좀 있다면 당신이 사는 지역의 음반 가게나 뉴에이지 상점을 방문해 보세요. 대부분 헤드셋과 데모 테이프를 제공하므로 구매 전에 들어볼 수 있습니다.

음악은 주문을 완료할 때까지 지속되어야 합니다. 의식이 진행되던 중

갑자기 음악이 멈추면 분위기가 깨집니다. 하지만 당신에게 다른 선택지가 없고 테이프를 바꿔야 한다면 적어도 두 번째 테이프가 가까이에 있어야 합니다. 절대 주문 영역을 벗어나면 안 됩니다. 음악은 영혼의 소리입니다. 의식에 포함시킬 수 있다면 모든 것이 더 좋아질 겁니다.

마법 도구들

　의식에 사용되는 물건은 당신에게 특별한 의미가 있다면 어떤 것이든 마법 도구로 고려될 수 있습니다. 우리 뇌의 창의적인 부분은 상징적으로 작동하므로, 창의적인 마법을 구현할 때 상징을 쓰는 건 적절한 일입니다. 당신은 이미 마법 도구를 가지고 있을 수도 있습니다. 단지 알아차리지 못했을 뿐이죠. 당신이 그저 바라보기만 해도 '기분이 좋아지는' 그림일 수도 있고, 어린 시절 친척이 준 특별한 동전이나 오랜 시간 지니고 있는 펜일 수도 있습니다.

양초

양초는 우리 삶에 빛을 가져다 주었습니다. 문자 그대로 해석해도 그렇고, 상징적으로도 맞는 말이죠. 양초는 어둠을 몰아내고 새로운 프로젝트, 생각, 관계를 불러옵니다. 주문을 수행하기 전에 촛불을 켜면 매우 강력한 에너지가 만들어집니다.

양초는 또한 우리가 존재하는 3가지 단계를 상징합니다. 왁스는 육체, 심지는 마음, 불꽃은 영혼이나 정신에 해당합니다. 양초는 색, 모양, 크기가 아주 다양합니다. 향기가 나기도 하고 무향인 것도 있죠. 모양과 향(또는 향이 없더라도)은 그다지 중요하지 않습니다. 크기 정도만 고려하면 됩니다. 주문이 1시간 정도 걸리는데 초가 30분 만에 꺼지면 안 되겠죠.

색은 아주 중요한 요소입니다. 각각의 색마다 다른 진동을 의미하기 때문입니다. 초가 켜지면 색에 맞는 진동이 발생하는데, 목적에 가장 잘 맞는 것을 찾으려면 83쪽의 '양초 색깔에 담긴 의미' 표를 참고하세요. 하나의 초만 사용해도 되고 여러 개를 섞어서 써도 됩니다.

적합한 양초가 없다면 하얀색을 쓰세요. 하얀색의 초가 타오를 때 연기를 잘 보도록 합니다. 연기가 나기 시작하면 그 공간의 부정적인 에너지가 정화되기 시작합니다. 연기가 가라앉으면 에너지는 깨끗해집니다.

초를 구매할 땐 주의해야 합니다. 저렴한 초는 너무 빨리 타서 당신을 혼란스럽게 만들 겁니다. 하지만 너무 비싼 최고급의 초를 사는 것도 권하진 않습니다. 상식적인 선에서 적당한 것을 사도록 하세요. 초를 켜고 진행할 때 항상 주의를 기울여야 하며 지켜보는 사람이 없는 상태에서 다른 곳으로 가면 안 됩니다.

양초 색깔에 담긴 의미

양초 색깔	에너지 종류
하얀색	순수함, 힘, 새로움, 주술, 치유, 평화, 심령 능력 : 흰색은 어떤 색이든 함께 사용하면 효과가 강화됨
검은색	부정적인 에너지 제거 : 악하거나 부정적인 색상이 아님, 해방과 추방
파란색	평화, 평온, 보호, 신의, 영적 세계의 투영
갈색	가정 보호; 정신감응, 안정성
은색	부정적인 에너지 또는 힘의 중화
초록색	번영, 돈, 성공; 질투 억제, 야망
주황색	일이나 다른 활동에 필요한 추가 에너지 제공; 질서 촉구, 자기 통제
분홍색	사랑, 우정, 연애, 애정, 나눔
보라색	직관, 초자연적인 추구, 힘과 독립성, 지혜
빨간색	생식력, 체력, 성욕, 용기
노란색	행복, 자존감, 매력, 아름다움, 행동

앞에서 언급한 것처럼, 이 표는 의복 색깔을 고를 때도 활용할 수 있습니다.

향과 향수

제 경험에 따르면 사람들은 향을 아주 좋아하거나 아주 싫어하는 유형으로 나뉩니다. 향 또한 크기, 모양, 형태가 다양합니다. 어떤 향은 얻고 자 하는 효과가 이름으로 표기되어 있기도 합니다. 스트레스 완화, 에너 지, 사랑 등등으로 말이죠. 어떤 사람들은 포푸리(방향제)를 태우거나 오 일을 선호하기도 합니다.

특정 의식에서 향을 쓰는 목적 중 하나는 가장 평화롭게 변화한 의식 상태로 당신을 데려가기 위함입니다. 세이지나 백단유(Sandalwood) 냄 새가 당신을 차분하게 만든다면 그 향을 사용하도록 하세요. 하지만 부비 강(Sinus, 두개골 속 코 안쪽으로 이어지는 구멍)이 싫다고 한다면 그들 의 뜻을 존중해 주세요.

다른 사람들이 당신에게 딱 맞는 향이라고 정해 준 것에 얽매이진 마 세요. 시트러스(Citrus) 향수는 에너지를 촉진하고, 라일락 향기는 편안한 느낌을 준다는 연구 결과가 있긴 하지만요. 이름표에 '사랑을 위한 향'이 라고 적혀 있다고 해서 마음에 들지 않는 향을 애써 들이마시려고도 하지 마세요. 언제나 당신이 좋아하는 걸 사야 합니다.

새로운 향과 함께 하는 실험은 재밌습니다. 대부분의 향은 비싸지 않 고 1개씩 파는 경우도 있습니다. 조심해야 할 점 한 가지는, 실내나 좁은 공간에서 주문을 수행할 예정이라면 새로 산 제품을 미리 사용해 봐야 한 다는 점입니다. 그렇지 않으면 몇 시간, 또는 며칠 동안 불쾌한 냄새에 시 달릴 수 있습니다. 향은 사라지는 데 시간이 필요하며 공기 중에 오랫동 안 남아 있기도 합니다.

특정한 마법 행위에 어울리는 향과 허브를 시도해 볼 수 있도록 몇 가 지를 추천합니다. 기억하세요. 이건 단지 제안일 뿐이며 필수는 아닙니다.

향에 담긴 의미

의미	향의 종류
건강	월계수잎, 카네이션, 삼나무, 유칼립투스, 노간주나무(Juniper), 라벤더, 레몬 밤(Lemon Balm), 몰약(Myrrh), 소나무, 세이지, 백단유, 타임
사랑	사과, 머스크, 장미, 용연향(Ambergris), 바질, 시나몬, 캐모마일, 기린혈(Dragon's Blood), 재스민, 레몬그라스, 파촐리(Patchouli), 페퍼민트
진로/경력	바닐라, 올스파이스(Allspice), 정향(Clove), 육두구(Nutmeg), 소나무, 등나무(Wisteria), 헬리오트로프(Heliotrope), 가문비나무(Spruce), 세이지, 민트, 인동덩굴(Honeysuckle), 월계수 열매(Bayberry)
여성의 문제	머스크, 오렌지, 히아신스(Hyacinth), 몰약, 소나무, 장미
남성의 문제	머스크, 삼나무, 재스민
영성	유향(Frankincense), 헬리오트로프, 재스민, 향모(Sweetgrass), 치자나무(Gardenia), 소나무, 세이지, 바이올렛, 백단유, 장미

수정과 원석

수정은 석영(Quartz) 시계에 생명을 불어넣습니다. 무선 전파를 받아서 전송해 주기도 하죠. 수정 결정판이 없었다면 컴퓨터의 시대는 오지 않았을 겁니다. 집적회로와 전자칩을 구성하고 있기 때문이죠.

수정의 힘은 그로부터 파생된 제품들을 넘어섭니다. 마법에서 굉장히 중요한 도구이며, 특정한 의도를 위한 에너지를 집중시키고 방향을 가리키는 능력을 가지고 있습니다. 몇몇은 수정이 정신적, 신체적, 영적 측면에서 치유력을 가지고 있다고 말합니다.

많은 다른 원석들 또한 주문을 도울 수 있는 특별한 에너지를 가지고 있습니다. 참고할 수 있도록 몇 가지를 정리해 보았습니다. 이에 관한 연구 범위가 굉장히 크므로, 좀 더 많은 정보를 얻고 싶다면 지역 서점이나 도서관을 방문해 보길 바랍니다. 해당 주제를 다룬 수많은 책이 그곳에 있을 겁니다.

원석의 질

★ 수정에 대한 특별 안내 : 돌들은 자연 제품점이나 보석상, 대부분의 뉴에이지 선물 가게에서 원석이나 연마된 형태로 구매할 수 있습니다. 수정을 사는 데에는 약간의 돈만 있으면 됩니다. 작은 것부터 시작해서 필요하다고 생각될 때 큰 사이즈로 옮겨 가면 됩니다. 주문을 강화하는 데 어떤 돌이 제일 좋은지 확신할 수 없다면 투명한 수정을 사용하세요.

투명한 수정(Clear Quartz Crystal) - 치유를 촉진하고 우리를 채우는 원소의 균형을 맞춰 완전해지게 합니다. 또한 영적 발달을 돕습니다.

자수정(Amethyst) - 매우 강력한 주문석입니다. 심령술사와 치유사들은 이 돌의 치유 성질을 수년간 활용해 왔습니다. 분노와 불안감을 해소하고 정신이 덜 산만해지도록 하는 데 도움이 됩니다.

홍옥수(Carnelian) - 흔히 행운의 돌이라고 불립니다. 혈액을 정화하며, 성적 감정을 자극하고 기능을 돕는다고 알려져 있습니다.

청금석(Lapis Lazuli) - 사랑을 끌어당기는 돌이라고 합니다. 두통, 고혈압, 우울증, 불면증, 기타 유사한 질환의 치료에 효과적이라고 알려져 있습니다.

공작석(Malachite) - 에너지를 증진시키고, 변화 및 창의성과 연결되어 있습니다. 이집트인들은 공작석을 가루로 내 눈화장을 했는데, 악의 눈으로부터 보호하는 의미가 담겨 있습니다.

월장석(Moonstone) - 마법의 돌이라고 불립니다. 초자연적 능력을 강화하며, 주문 의식에 광범위하게 사용됩니다. 월장석을 사용하면 영적 세계를 좀 더 빠르게 투영할 수 있습니다.

장미 수정(Rose Quartz) - 사랑의 돌이라고 알려져 있으며, 모든 감정의 에너지를 다룹니다.

터키석(Turquoise) - 힘을 키우고 보호막을 제공합니다. 미국 원주민들에게 성스러운 돌로 여겨지며, 말과 기수를 보호합니다. 아라비아에서는 명상을 위한 돌로 사용했으며 부정적인 에너지를 흡수하는 능력이 있습니다.

돌을 구매할 때는 가게를 방문해 수정을 조심스럽게 만져 보세요. 당신이 돌을 선택하는 것이 아니라, 돌이 당신을 선택할 겁니다. 기분 좋은 느낌을 받을 수 있는데 다른 사람들은 가지지 못하는 것입니다. 직감이 당신에게 말을 걸 거예요.

수정 충전하기

당신의 수정을 찾았다면 '깨끗이 닦고, 충전하고, 설정할' 차례입니다. 과거에 소유했던 사람의 에너지나 돌을 살펴보던 사람들이 놓고 간 에너지를 닦아 내는 겁니다. 찬물에 닦거나 물이 담긴 그릇에 넣어 두세요. 그런 다음, 달을 이용해 수정을 충전하도록 합니다. 아래 항목들 중 하나의 위상이 보이는 곳에 밤새 놔두면 됩니다.

초승달 - 이 위상에서 충전된 수정은 특히 새로운 시작, 자신감, 희망, 상승과 관련된 요소들을 지원하는 에너지를 생성합니다.

보름달 - 이 위상에서 충전된 수정은 이루고 싶은 것이 뭐든 간에 그것을 지원하는 힘을 가져옵니다. 이 위상은 전반적으로 활용하기 좋습니다.

깨끗하게 잘 닦여 충전까지 끝낸 수정을 가지게 됐다면, 마지막 단계는 설정입니다. 수정을 손에 쥐고 목표를 달성하기 위해 찾고 있던, 진동하는 에너지에 집중해 보세요. 최종 목표를 시각화하지만 거기에 도달하는 방법을 떠올리진 마세요.

예를 들어, 20파운드(약 9kg)를 빼고 싶다면 그만큼의 몸무게가 빠진 자신의 모습을 떠올려 봅니다. 그렇게 되기 위한 방법을 생각하진 마세요. 당신의 신이 이 문제를 풀어 주길 놔두는 것이 가장 좋습니다. 다른 돌들도 원한다면 설정할 수 있습니다.

정령수(Element of Water)

앞선 내용 중 제가 정령수에 대해 언급하는 걸 보았을 것입니다. 정령수는 보통 천둥이 치는 폭풍우가 내리는 동안 얻을 수 있으며 당신이 마법을 일으킬 때 도움을 줍니다.

정령수는 불, 땅, 공기, 물을 대표하며, 가장 잠재력이 높은 요소들의 강력한 조합입니다. 번개는 불을 상징하며 힘, 에너지, 마법, 욕망에 상응하고, 천둥은 공기를 상징하며 영성, 건강, 지식을 대변합니다. 폭풍의 세기는 땅을 상징하며 자연, 현실 기반, 지혜, 물질적인 것을 대변합니다. 비는 그 자체로 물을 상징하며 감정, 반영, 사랑, 창조, 순수를 대변합니다.

정령수 만드는 법

가장 기본은 빗물을 모으는 것입니다. 먼저, 물을 담을 용기가 필요합니다. 유리통, 플라스틱통, 도자기 등 다양한 용기들을 써보았지만 크게 다른 점은 느끼지 못했습니다. 자연의 재료가 더 낫거나 특별하게 느껴진다면 좀 더 영향이 있을 겁니다. 잘 생각해 보고 특별한 용기를 찾아보세요. 저는 개인적으로 두세 개의 성배를 사용합니다.

용기가 새것이거나 깨끗한 것이 중요합니다. 식기세척기에서 소독시켜도 좋고 유리병은 끓는 물에 소독을 해야 합니다. 용기가 새것이라면 다른 사람들이 만지면서 남겨 둔 에너지가 떨어져 나가도록 깨끗하게 닦으세요. 천둥이 치는 폭풍우가 흔히 나타나진 않으므로, 가능한한 많은 물을 확보하길 추천합니다. 그래야 언제든 사용할 수 있으니까요.

폭풍이 다가오고 있다면 물을 모으기 위한 지점에 용기를 가져다 두세요. 어떤 사람들은 항상 바깥에 놔두기도 하고, 폭풍이 치는 날에만 놔두기도 합니다.

폭풍이 지나가고 물이 모였다면, '손의 축복'을 행해야 합니다. 용기 위에 두 손을 올려 두되 손바닥을 아래로 향하게 한 뒤 말합니다. "이 물을 축복합니다. 제 의도를 강화시켜 주길 빕니다."

물을 바로 사용하지 않을 거라면 실용적인 용기에 옮겨 담도록 합니다. 유리나 플라스틱으로 된 주전자나 뚜껑이 달린 병이 좋습니다.

이 물은 의식에만 사용되지 않습니다. 무언가를 축복할 때도 쓸 수 있습니다. 여행을 갈 때 작은 용기에 나눠 담아 가도 되고 친구에게 나눠 줘도 됩니다. 같은 마음을 가진 사람들에게 최고의 선물이 될 겁니다. 이 물은 자연으로부터 왔고 좋은 생각과 희망이 담긴 당신만의 에너지도 담겨 있기 때문이죠.

휴일 동안 저는 정령수를 모아 아주 작은 플라스틱 용기에 담았습니다. [정령수]라고 이름을 표기해서요. 그 다음 용기의 목 부분에 리본을 묶어서 축복을 원하는 특별한 친구들에게 주었습니다. 저는 제 자동차나 컴퓨터, 사무실, 집, 옆집 고양이를 축복하기 위해 정령수를 사용하기도 했습니다.

★ **특별 참고 사항 :**

- 정령수는 비, 번개, 천둥이 동시에 일어날 때만 강력한 힘을 가집니다. 일반적인 비에서는 힘을 얻을 수 없습니다.

- 배수관에서 흘러나온 물은 사용하지 마세요! 많은 양의 물을 빠르게 얻고 싶을 땐 가장 쉬운 방법으로 느껴질 겁니다. 하지만, 배수관을 거친 빗물은 하늘에서 직접적으로 떨어진 물보다 깨끗하지 않습니다. 쓰레기를 주운 거나 다름없기 때문이죠.

- 물을 모을 때 공기를 통해 오염이 될까 걱정하지 마세요. 당신의 축복이 물을 깨끗하게 만들어 줄 겁니다.

- 물을 마시지 마세요. 당신의 내면을 위해 준비한 것이 아닙니다.

- 물을 모을 수 있는 공간이 없다면 친구에게 부탁해 보세요. 하지만 '손의 축복'은 꼭 당신만의 방식으로 진행해야 합니다.

- 폭풍우가 칠 땐 조심해서 행동하고 번개가 칠 땐 나가지 마세요. 안전을 위해 폭풍이 다 지나간 다음에 밖으로 나가서 물을 가지고 들어오세요.

이외의 마법 도구들

[PART III 주문]에서 언급될 다른 마법 도구로는 다음의 것들이 포함되어 있습니다. 필요에 따라 사용 가능하거나 나에게 맞는 것을 골라 대신 사용해도 됩니다.

지팡이 또는 칼 : 검, 의식용 칼, 편지 오프너, 다른 종류의 지팡이, 길이가 긴 수정. 포인터로 사용할 수 있을 만큼 길다면 어떤 것이든 가능합니다. 뉴에이지 선물 가게나 판타지 상점, 인터넷 웹사이트를 통해 원석과 수정으로 장식된 지팡이를 구입할 수 있습니다. 이중날을 가진 칼 또한 같은 곳에서 구입 가능합니다.

화로 : 철 냄비, 미니 치미네라(Chiminera : 멕시코식 화덕), 재떨이, 금속 쓰레기통, 가마솥. 안전하게 종이를 태울 수 있는 그릇이면 어떤 것이든 가능합니다.

특별한 잔 : 와인이나 포도 주스를 따를 수 있다면 다 가능합니다. 와인잔, 컵, 볼, 성배, 고블렛잔.

그 외 선택 가능한 도구들 :

- 꽃 또는 과일

- 종교적 조각상 또는 성스러운 카드

- 타로 카드나 룬 문자(미래 예측의 다른 방법; 초자연적인 점술 형

태)

- 추 - 추를 사용한 의사결정 방법에 대한 정보는 <그 외 다양한 주문들> 섹션의 '결정하기 - 진자 주문'에서 찾아볼 수 있습니다.

- 펜타클(Pentacle : 오각형 모양의 별) 또는 펜타그램(Pentagram) 상징 - 펜타클은 원으로 둘러싸여 있으며 연결된 선으로 5개의 꼭짓점을 형성한 별입니다. 펜타그램은 똑같이 5개의 꼭짓점을 가진 별이지만 원으로 둘러싸여 있진 않습니다. 이 상징은 땅, 공기, 불, 물을 상징하며 가끔은 영혼이 다섯 번째 요소로 여겨집니다. 펜타클이나 펜타그램은 팔다리를 뻗은 인간의 몸을 상징하기도 합니다. 의식이 진행되는 동안 보호의 형태로 자주 사용하며, 항상 똑바로 놓여져야 합니다. 반대로 놓이면 부정적으로 생각됩니다.

- 여러 종류의 십자 기호 - 십자 기호의 보편적인 상징은 다수의 이원성을 하나로 통합하는 것입니다. 팔을 뻗고 있는 인간의 모습이기도 하며, 삶의 교차로처럼 여겨지기도 합니다. 십자 기호는 수많은 종교적, 정신적 의미를 가지고 있습니다.

- 종 - 종은 우주의 힘을 일으키고 의식의 시작을 알립니다. 어떤 사람들은 악을 쫓아내기 위한 보호의 형태로 종을 사용합니다.

이 물건들이 사랑과 마법을 품고 있다는 걸 아는 사람이 몇이나 될까요? 몇몇 아이템을 가지고 있다면 그것을 소중히 여기며 당신을 위해 사용해 보세요.

개인 제단

주문을 수행할 때 개인 재단이 꼭 필요한 건 아닙니다. 하지만 마법 도구를 놓아두기 좋은 장소이기도 하고, 당신이 선택한 존재를 위해 예배를 드리기도 좋습니다. 특별한 아이템을 보관할 수 있을 뿐만 아니라 기도하고, 명상하고, 높은 곳에 있는 누군가로부터 답을 듣는 장소기도 하죠.

재단은 바닥이 평평하기만 하면 어디에든 만들 수 있습니다. 분리된 작은 테이블도 좋고 수납장의 한 부분이어도 됩니다. 큰 스피커의 맨 윗부분도 가능하고 책장, 나뭇조각이 섞인 시멘트 블록 2개를 교차로 쌓아 쓸 수도 있습니다. 다시 한 번 말하지만, 창의성을 발휘하면 됩니다. 개인 재단보다는 잠깐 쓸 공간을 선호할 수도 있습니다.

당신의 재단에는 일반적으로 다음과 같은 아이템이 놓일 겁니다. 양초, 향, 지팡이, 칼, 원석, 조각상, 성배, 정령수나 성스러운 물, 영적이고 매혹적인 특성을 지닌 특별한 물품들. 재단을 설치하는 특별한 방법이 있다고 생각하진 않습니다. 당신이 보기에 맞다고 느껴질 때까지 위치를 바꿔서 놓아 보세요.

가능하다면 야외 재단을 만드는 것도 좋은 일입니다. 돌과 벽돌을 이용해 가장 좋아하는 나무 근처에 만들어 보세요. 혹은 나무를 이용해 특별한 테이블을 만들 수도 있습니다. 좀 더 쉽게 만들고 싶다면 나무 그루터기나 큰 돌을 사용해 보세요.

　재단을 만들 땐 금속을 너무 많이 사용하지 마세요. 자연의 재료들이 언제나 제일 좋습니다. 하지만 금속을 많이 사용할 수밖에 없는 환경이라면 다른 재료로 덮어 두도록 하세요. 자연산 면이나 나무 조각을 올려 둬도 좋습니다. 되도록 자연스럽게 유지하려고 노력해 보세요.

　재단을 바라보는 방향에 대해선 여러 의견이 있습니다. 몇몇은 가장 기반이 되는 북쪽을 바라보라고 합니다. 어떤 이들은 해와 달이 떠오르는 동쪽을 바라보라고 추천하죠. 각 방향은 특별한 의미가 있습니다. 그러므로 당신이 적합하다고 느끼는 방향이면 어디든 괜찮다고 생각합니다.

바퀴가 달린 장치 위에 재단을 설치해서 쓰는 경우도 본 적이 있는데, 시전자는 방으로 재단을 끌고 가서 주문이나 명상에 적합하다고 생각하는 방향으로 놓곤 했습니다. 보관할 공간이 부족하면 옷장 안에 넣어 둘 수도 있죠.

재단은 지극히 개인적인 것이라 매우 흥미롭습니다. 성스러운 아이템을 위한 이 공간을 설치하는 데 맞고 틀린 건 없습니다.

PART III

주문

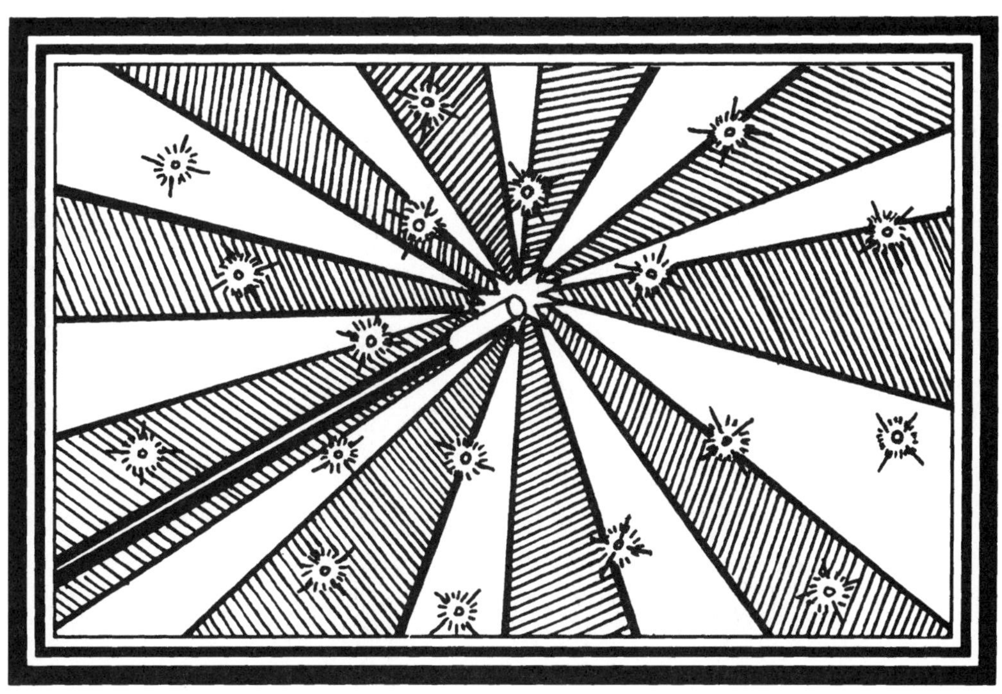

서문

주문을 수행할 때는 매우 진지하게 임해야 합니다. 만약 당신이 어려운 문제에 직면해 있는데 주문 의식이 그 문제를 해결해 준다면, 책을 집필한 제 목적은 달성된 셈입니다.

당신의 의도는 반드시 선해야 하며, 어떤 수준의 주문이든 자신이나 타인에게 해를 끼쳐서는 안 됩니다. 주문은 보편적인 상식과 노력만으로는 부족할 때 보완하고 강화하기 위한 방법으로 고안되었다는 사실을 기억하세요.

또한 보이지 않는 힘에게 도움을 요청하는 것이므로 인내심을 가져야 합니다. 여러 차례 노력했지만 여전히 원하는 목표에 도달하지 못했다면, 우주는 아마도 당신을 위해 더 나은 무언가를 준비하고 있는 것일 수 있습니다. 적어도 당신은 우주에게 '인식'되었으며, 이 깨달음은 당신 삶에 긍정적이고 특별한 변화를 불러올 것입니다.

•12•

건강

행복의 문 하나가 닫히면 또 다른 문이 열립니다. 하지만 우리는 닫힌 문을 너무 오래 바라보느라, 우리에게 열려 있는 새로운 문을 보지 못할 때가 많습니다.

— 헬렌 켈러(Helen Keller)

건강을 위한 좋은 주문은 정신 건강에 큰 도움이 될 수 있습니다. 하지만 이 의식이 전통적인 의학치료나 심리치료를 대신하지는 않습니다. 어디까지나 의료 전문가가 권하는 치료나 요법에 보조적인 방법이라고 이해하면 됩니다.

마음은 몸을 치유하는 데 중요한 역할을 합니다. 주문 의식은 잠재의식의 요청이자, 몸을 회복할 수 있도록 도와 달라는 메시지를 보내는 것이라고 할 수 있습니다.

어떤 생각이 집중과 결단을 통해 뚜렷하게 자리 잡으면 우리는 특별하면서도 효과적인 영역에 들어설 수 있습니다. 그곳에서 치유와 긍정적인 변화가 이루어지죠. 치유 주문이나 의식을 행하는 것은 우주적인 생명력에게 도움을 청하는 일과도 같습니다. 이러한 주문이 효과를 발휘할 때, 그 경험은 놀라움 그 자체일 수 있습니다.

당신은 자신의 몸과 마음을 다스릴 수 있는 힘을 가지고 있습니다. 이제 당신 앞에 놓인 과제는 새로운 길을 살피고 이전에 경험했던 것과는 다른 영역을 탐험하는 것입니다.

건강을 유지하기 위한 주문

수행에 필요한 마법 도구들

주문에 필요한 도구들은 선택한 대형에 따라 아래와 같이 준비합니다.

준비물

- 정령수(천둥번개가 치는 폭풍우에서 채집한 빗물) : 정령수를 채집하는 방법은 <마법 도구들> 섹션을 참고하세요.
- 작은 그릇

양초

파란색, 빨간색, 하얀색 양초가 하나씩 필요합니다. 파란색 양초는 왼쪽, 하얀색 양초는 가운데, 빨간색 양초는 오른쪽에 두되, 한 줄로 나란히 놓습니다.

대형

모든 주문은 문 서클을 그리는 것에서 시작합니다. 문 서클은 당신을 보호하는 마법의 방패 역할을 합니다. 삼각형이나 사각형 대형을 그릴 경우에도 원을 먼저 그리고 그 안에 대형을 형성해야 합니다.

이 주문에 가장 적합한 대형은 원입니다. <다양한 대형 만들기> 섹션에서 소개한 방법에 따라 대형을 만드세요. 이때 사용할 수 있는 도구로는 지팡이, 칼, 지시하기 위해 쭉 뻗은 손가락, 소금, 그 밖에 개인적으로 선택한 재료 등이 있습니다.

바라보아야 할 방향

북쪽을 향할 때 효과가 가장 좋습니다. 양초를 배치하고 다른 도구나 강화 아이템들은 시전자가 북쪽을 바라보고 앉았을 때 앞에 오도록 배치합니다.

달의 위상

상현달 시기에 수행할 때 효과가 가장 좋습니다. 달이 점점 차오르듯 건강 또한 나아지길 바라는 마음을 담기 때문입니다.

요일

요일에 상관없이 언제든지 수행할 수 있습니다.

주문에 깊이를 더하는 마법 도구들

다음에 소개하는 항목들은 주문에 차원의 깊이를 더하고 스스로에게 한껏 집중할 수 있게 도와줍니다. 필수는 아니며, 도구가 없어도 주문은 작동합니다.

원석

주문에 가장 적합한 원석은 투명한 수정과 자수정입니다. 만약 다른 원석을 사용하고 싶다면, 그것을 시전자 앞에 두세요.

향

주문을 강화할 향으로는 레몬 밤 또는 타임(Thyme)이 좋습니다. 향은 대형 안쪽의 안전한 곳에 놓아둡니다. 하지만 의식을 준비하는 동안 향을 즐기고 싶다면 대형 밖에서부터 피워도 됩니다.

음악

평소 음악을 좋아하고 주문에 방해가 되지 않는다면 뉴에이지, 명상, 클래식처럼 잔잔하고 조화로운 음악을 선택해 보세요. 당신이 편안하게 느끼는 음악이라면 무엇이든 괜찮습니다.

주문을 시작하기 전에

방해받지 않는 환경을 만드세요.
가능하다면 휴대폰은 꺼두세요.

차분한 음악을 틀어 주세요.

조명을 은은하게 낮춥니다.

주문을 시작하기 전에 손을 씻거나 샤워를 하세요.

사용할 향이 있다면 미리 피워 두세요.

필요한 모든 도구를 준비하고 가까운 곳에 놓아두세요.

대형을 그리세요.

더 높은 힘(Higher Power, 영적인 존재)에게 이 정보가 당신을 통해 흐르도록 허락해 달라고 요청하세요.

확언

주문을 시작하기 전에, 대형 안에서 낭독하세요.

> 나는 아무것도 당연하게 여기지 않습니다, 특히 건강은 그러합니다. 몸, 마음, 정신이 조화를 이룰 때 나는 모든 것을 갖춘 상태가 됩니다.
> 나는 건강한 기운으로 둘러싸여 있습니다. 지금 내가 누리고 있는 이 훌륭한 건강 상태가 계속되기를 바랍니다. 이 에너지를 나에게 모아 준 더 높은 힘에게 감사합니다. 나는 지금 이 순간에 감사하며, 그것을 받아들입니다. 그대로 이루어지리라.

주문 수행 방법

손가락을 정령수에 살짝 담근 후, 가슴에 손을 얹고 말하세요.

"내 몸은 온전합니다."

다시 손가락을 정령수에 담갔다가 이마에 대고 말합니다.

"내 마음은 안정되어 있습니다."

마지막으로 한 번 더 정령수에 손가락을 담근 뒤, 머리 위에 손을 얹고 말하세요.

"내 영혼은 맑고 선합니다."

마음속으로 의식이 끝났음을 의미하는 문장을 말하며 주문을 마무리합니다. "그리고 그대로 이루어지리라.", "축복이 있으라.", "아멘." 이제, 촛불을 끄고 대형이 서서히 떠올라 천장과 하늘을 지나고 마침내 우주로 사라지는 모습을 시각화합니다.

의식에 사용하고 남은 정령수는 보관하지 말고, 식물이나 야외에 있는 흙에 부어 되돌려 주세요. 야외에 버릴 수 없다면, 싱크대에 조심스럽게 따라 붓고 손을 배수구 위에 살짝 얹은 채 말합니다.

"땅으로 되돌아가라."

분노를 다스리는 주문

이 주문은 글을 쓰는 시간이 필요하므로 시간을 충분히 확보하세요.

수행에 필요한 마법 도구들

주문에 필요한 도구들은 선택한 대형에 따라 아래와 같이 준비합니다.

준비물

- 종이
- 펜 또는 연필
- 성냥 또는 라이터
- 화로

양초

검은색 양초 하나를 사용하거나 검은색, 파란색, 은색 또는 회색 중 하나, 총 양초 3개를 사용할 수 있습니다. 양초는 시전자 앞에 두되, 하나만 사용할 때는 검은색 양초를 중앙에 둡니다. 3개를 사용할 경우에는 왼쪽에 파란색, 가운데에 검은색, 오른쪽에 은색 또는 회색 양초를 일렬로 배치합니다.

대형

모든 주문은 문 서클을 그리는 것에서 시작합니다. 문 서클은 당신을 보호하는 마법의 방패 역할을 합니다. 삼각형이나 사각형 대형을 그릴 경우에도 원을 먼저 그리고 그 안에 대형을 형성해야 합니다.

이 주문에 가장 적합한 대형은 원입니다. <다양한 대형 만들기> 섹션에서 소개한 방법에 따라 대형을 만드세요. 이때 사용할 수 있는 도구로는 지팡이, 칼, 지시하기 위해 쭉 뻗은 손가락, 소금, 그 밖에 개인적으로 선택한 재료 등이 있습니다.

바라보아야 할 방향

서쪽을 향할 때 효과가 가장 좋습니다. 양초를 배치하고 다른 도구나 강화 아이템들은 시전자가 서쪽을 바라보고 앉았을 때 앞에 올 수 있도록 배치하세요.

달의 위상

하현달 또는 그믐달 시기에 효과가 가장 좋습니다. 달이 점점 작아지듯 우리 안의 분노 또한 사그라들길 바라는 마음을 담기 때문입니다.

요일

수요일과 목요일을 제외하면 어느 요일이든 수행 가능합니다. 수요일과 목요일은 효과가 떨어질 수 있습니다.

주문에 깊이를 더하는 마법 도구들

다음에 소개하는 항목들은 주문에 차원의 깊이를 더하고 스스로에게 한껏 집중할 수 있게 도와줍니다. 필수는 아니며, 도구가 없어도 주문은 작동합니다.

원석

주문에 가장 적합한 원석은 호안석(Tiger's Eye)과 흑요석(Obsidian)입니다. 만약 다른 원석을 사용하고 싶다면, 그것을 시전자 앞에 두세요.

향

주문을 강화할 향으로는 소나무 또는 월계수잎이 좋습니다. 향은 대형 내부에 안전하게 두되, 불을 붙일 때는 대형 밖에서 수행하도록 합니다.

음악

평소 음악을 좋아하고 주문에 방해가 되지 않는다면 뉴에이지, 명상, 클래식처럼 내면의 혼란을 진정시키는 차분하고 조화로운 음악을 들으면 좋습니다.

주문을 시작하기 전에

방해받지 않는 환경을 만드세요.

가능하다면 휴대폰은 꺼두세요.

차분한 음악을 틀어 주세요.

조명을 은은하게 낮춥니다.

주문을 시작하기 전에 손을 씻거나 샤워를 하세요.

사용할 향이 있다면 미리 피워 두세요.

필요한 모든 도구를 준비하고 가까운 곳에 놓아두세요.

대형을 그리세요.

더 높은 힘에게 이 정보가 당신을 통해 흐르도록 허락해 달라고 요청하세요.

확언

주문을 시작하기 전에, 대형 안에서 낭독하세요.

나는 (특정 인물이나 상황 등)에 대한 분노를 놓아 보냅니다. 분노는 나에게 도움이 되지 않습니다. 분노는 내가 선택하지 않기로 한 감정입니다. 분노는 내 마음을 해칩니다. 나는 상대가 나처럼 생각하거나 행동하지 않는 데서 오는 좌절과 오해로 분노가 만들어진다는 것을 깨닫습니다.

이제 나는 타인이 나처럼 생각하지 않는다고 화를 내는 것은 공정하지 않다는 것을 깨달았습니다. 타인의 행동을 통제할 수 없다는 것을 받아들일 수 있는 통찰력을 주세요. 다른 이의 행동에 의해 내

가 불행해지는 일을 허락하지 않을 것입니다.

다음에 내가 다시 분노를 느낄 때는, 이 감정은 내가 선택할 수 있는 것임을 상기시켜 주세요. 나는 몇 초 간 숨을 깊게 들이마신 채 이 감정을 미뤄둘 것입니다. 그 다음에는 조금 더 오래 미루어 볼 것이고, 마침내 내가 이 감정을 다스릴 수 있다는 걸 깨달을 것입니다.

비로소 나는 성취감과 자부심을 느낄 것입니다. 나는 더 강해질 것이며, 이 자제력으로 어떤 것이든 이겨낼 수 있을 것입니다. 이 진동 속에 나를 감싸 주소서. 그리고 그대로 이루어지리라.

주문 수행 방법

먼저 양초에 불을 붙이세요. 그다음, 종이에 당신이 분노를 느끼는 사람이나 상황에 대해 짧은 편지를 씁니다. 스스로에게 화가 났다면 자신에게 쓰도록 하세요. 분노의 대상이 이미 세상을 떠났더라도 똑같이 쓰면 됩니다. 당신을 아프게 한 사건에 대한 분노, 타인을 다치게 한 물건이나 사람에게 화가 난다면 그에 대해 쓰도록 합니다.

편지를 쓰고 싶지 않다면, 간단히 몇 마디만 써서 요점을 전달하세요.

▶ 예시 : "릭, 나는 당신이 보스턴 일 때문에 날 두고 간 것에 화가 나요. 아플 때 의료 보험 없이 수술을 받게 한 것도요."

편지를 더 길게 쓸 수 있다면, 그 사람(또는 상황)에게 왜 분노하는지, 당신의 감정이 어떤지 이야기해 보세요. 매우 솔직하고 상세하게요. 이 편지는 당신만을 위한 비밀스러운 기록입니다. 다른 누구도 편지를 볼 순 없을 겁니다. 자세히 설명하고 싶다면 주문 영역으로 들어가기 전에 책상에

앉아 적거나 타이핑하면 됩니다. 글로 쓰는 행위는 생각을 형체화하고 무의식으로부터 제거하는 과정입니다.

이제 그 편지를 불에 태우세요. 재가 조금 남아도 괜찮습니다. 다만 누군가의 이름이나 특정 단어를 알아볼 순 없게 해야 합니다.

만약 불에 태우는 것이 어렵다면, 그 종이를 최대한 잘게 찢어 물에 넣고 완전히 망가지게 두세요. 그 후에는 버리면 됩니다. 많은 사람이 이 의식을 통해 새로운 시작을 경험했습니다. 이것은 자유로운 해방입니다. 편지를 태운 후, 다음 주문을 낭독하세요.

> 오늘, 나는 단호한 결정을 내렸습니다.
> 살아가기로 결정했고, 그래서 나는 기쁩니다.
> 내 분노는 흩어지고, 축복은 깃들며,
> 나는 다시 태어났고, 자유로워졌습니다.

마음속으로 의식이 끝났음을 의미하는 문장을 말하며 주문을 마무리합니다. "그리고 그대로 이루어지리라.", "축복이 있으라.", "아멘." 이제, 촛불을 끄고 대형을 해제하세요.

중독에서 벗어나는 주문

가능하다면 이 주문을 수행하는 날에는 육류나 생선을 먹지 마세요.

육류는 몸을 무겁게 만듭니다. 가볍고 맑은 상태여야 마음의 문이 활짝 열립니다. 의도한 바를 쉽게 해방하고 놓아줄 수 있죠. 고기를 먹는 행위는 죽은 생명체를 몸에 들이는 일이니, 가능한 한 부정적인 기운을 줄이고 싶을 것입니다.

수행에 필요한 마법 도구들

주문에 필요한 도구들은 선택한 대형에 따라 아래와 같이 준비합니다.

준비물

- 가위
- 검은색으로 된 끈, 밧줄, 리본, 실, 천 등의 잘 끊어지는 재료 : 검은색이 없을 경우, 다른 색도 괜찮습니다.
- 찬물을 채운 그릇
- 작은 수정 원석

양초

은색 또는 회색 양초는 왼쪽, 하얀색 양초는 가운데, 검은색 양초는 오른쪽에 두되, 시전자 앞쪽에 나란히 배치하세요.

대형

모든 주문은 문 서클을 그리는 것에서 시작합니다. 문 서클은 당신을 보호하는 마법의 방패 역할을 합니다. 삼각형이나 사각형 대형을 그릴 경우에도 원을 먼저 그리고 그 안에 대형을 형성해야 합니다.

이 주문에 가장 적합한 대형은 원입니다. <다양한 대형 만들기> 섹션에서 소개한 방법에 따라 대형을 만드세요. 이때 사용할 수 있는 도구로

는 지팡이, 칼, 지시하기 위해 쭉 뻗은 손가락, 소금, 그 밖에 개인적으로 선택한 재료 등이 있습니다.

바라보아야 할 방향

동쪽을 향할 때 효과가 가장 좋습니다. 양초를 배치하고 다른 도구나 강화 아이템들은 시전자가 동쪽을 바라보고 앉았을 때 앞에 있도록 놓아둡니다.

달의 위상

하현달 또는 그믐달 시기에 효과가 가장 좋습니다. 달이 점점 작아지고 사라지듯 강박이 해소되고 사라지길 바라는 마음이 담기기 때문입니다.

요일

일요일, 금요일, 토요일에 수행할 수 있습니다. 그중에서도 일요일이 가장 적합합니다.

주문에 깊이를 더하는 마법 도구들

다음에 소개하는 항목들은 주문에 차원의 깊이를 더하고 스스로에게 한껏 집중할 수 있게 도와줍니다. 필수는 아니며, 도구가 없어도 주문은 작동합니다.

원석

주문에 가장 잘 어울리는 원석은 크리솔라이트(Chrysolite)입니다. 만약 다른 원석을 사용하고 싶다면, 그것을 시전자 앞에 두세요.

향

주문을 강화할 향으로는 인동덩굴(Honeysuckle)이 있습니다. 향은 대형 내부에 안전하게 두되, 불을 붙일 때는 대형 밖에서 수행하도록 합니다.

음악

평소 음악을 좋아하고 주문에 방해가 되지 않는다면 피아노나 플루트처럼 부드럽고 느린 저음역대의 음악을 선택해 보세요. 당신이 편안하게 느끼는 음악이라면 무엇이든 괜찮습니다.

주문을 시작하기 전에

방해받지 않는 환경을 만드세요.

가능하다면 휴대폰은 꺼두세요.

잔잔한 음악을 틀어주세요.

조명을 은은하게 낮춥니다.

주문을 시작하기 전에 손을 씻거나 샤워를 하세요.

사용할 향이 있다면 미리 피워 두세요.

필요한 모든 도구를 준비하고 가까운 곳에 놓아두세요.

대형을 그리세요.

더 높은 힘에게 이 정보가 당신을 통해 흐르도록 허락해 달라고 요청하세요.

확언

주문을 시작하기 전에, 대형 안에서 낭독하세요.

오늘, 나는 마침내 내 삶을 바꾸기로 선택했습니다. 이 결정은 누구의 영향 때문이 아니라, 내 안의 어떤 모습이 마음에 들지 않기 때문입니다.

시기가 다가왔습니다. 내가 그렇다고 말했기 때문이죠. 내 삶이 진화하는 과정 중 한 파트이며, 그곳에 있었기에 이 상태로 평생을 보내고 싶지 않다는 사실을 배웠습니다. 달은 내게 필요한 긍정적인 힘과 에너지를 전해주며 나의 더 높은 힘이 증인입니다 :

나는 (중독의 대상)에 대한 중독에서 벗어난다.

나는 이 과도한 행동에 대해 나 자신에게 끊임없이 물으며 답을 알고 싶어 하는 욕구에서 벗어납니다. 지금 이 시점에서, 나는 긍정적인 변화에 마음을 엽니다.

나는 과거의 방식으로 나를 끌어당기려 하는 사람이나 상황으로부터 스스로를 분리할 것입니다. 나는 알고 있습니다. 중독을 통해 충만함을 채우려 할 때, 내 안은 오히려 더 허전해진다는 것을.

나는 설렙니다. 우주는 그 공허함을 긍정적인 무언가로 채우기 때문입니다. 그 새로운 영향이 무엇일까요? 중독적이게도, 그것은 나에게 행복과 자신감을 가져다 줄 것입니다.

그것이 무엇인지 추측하진 않겠지만, 중독에서 점점 멀어질수록 그 선물은 나에게 가까이 다가오고 있음을 압니다. 만약 내가 스스로를 완벽하게 도울 수 없다면 나는 이 길을 먼저 걸어간 전문가에게 도움을 요청할 것입니다.

오늘 내가 품은 이 강력한 의지는 강력한 힘을 가진 달과 함께 이미 움직이기 시작했습니다. 이 에너지는 지나친 행동과 어리석은 충동을 줄이는 에너지의 흐름을 만들어 낼 것입니다.

다음에 내가 다시 (중독의 대상)을 원하게 될 때, 나는 이 가이드를 떠올릴 것입니다. 낮이든 밤이든, 비가 오든 맑든, 기억할 것입니다. 내가 다시 길을 잃는다면 우주가 내게 보내고 있는 그 아름다운 선물을 받는 데 그만큼 더 오래 걸릴 것이라는 사실을.

나는 (중독의 대상)에 대한 중독에서 벗어난다.

나는 (중독의 대상)에 대한 중독에서 벗어난다.

나는 (중독의 대상)에 대한 중독에서 벗어난다.

주문 수행 방법

1. 끈(또는 실)을 들고 매듭을 지으세요. 이 매듭은 지금까지 당신을 얽매어 왔던 중독 그 자체입니다.

2. 매듭을 바라보며, 이 중독이 당신과 주변 사람들에게 가져온 고통과 문제들을 잠시 떠올려 보세요. 원한다면 잠시 되새겨 보아도 좋습니다.

3. 준비가 되었다고 느껴지면 가위를 들어 매듭의 한쪽 끝은 남겨 둔 채 실을 자르세요. 왼쪽이든 오른쪽이든 상관은 없지만 정중앙을 자르지는 마세요.

4. 끊은 끈을 봉투에 넣고 밀봉하세요.

5. 중독의 기운을 몸에서 떨쳐내는 것처럼 손을 3번 터세요. 이제, 아래의 주문을 낭송합니다.

> 나는 매일 더 큰 힘을 얻는다.
>
> 내 의지는 점점 강해지고 있으니 나는 선언한다.
>
> 이 걱정을 거두어 가라, 이제 그 얽힘은 풀렸다.
>
> 나는 자유롭고, 내 영혼을 되찾았다.

마음속으로 의식이 끝났음을 의미하는 문장을 말하며 주문을 마무리합니다. "그리고 그대로 이루어지리라.", "축복이 있으라.", "아멘." 이제, 촛불을 끄고 대형을 해제하세요.

끈이 들어 있는 봉투는 원하는 방식대로 처분합니다. 쓰레기통에 버려도 되고, 벽난로나 쓰레기장에서 태워도 되고, 땅에 묻거나 바다 또는 강물에 던져도 됩니다.

두려움을 내려놓는 주문

이 주문을 수행하는 날에는 가능하면 육류를 섭취하지 않는 것이 좋습니다.

수행에 필요한 마법 도구들

주문에 필요한 도구들은 선택한 대형에 따라 아래와 같이 준비합니다.

준비물

- 칼 1자루

- 크기가 큰 핀

- 펜 또는 양초에 글자나 단어를 새길 수 있는 도구

양초

검은색 또는 파란색 양초 하나를 시전자 앞 중앙에 둡니다.

대형

모든 주문은 문 서클을 그리는 것에서 시작합니다. 문 서클은 당신을 보호하는 마법의 방패 역할을 합니다. 삼각형이나 사각형 대형을 그릴 경우에도 원을 먼저 그리고 그 안에 대형을 형성해야 합니다.

이 주문에 가장 적합한 대형은 원입니다. <다양한 대형 만들기> 섹션에서 소개한 방법에 따라 대형을 만드세요. 이때 사용할 수 있는 도구로는 지팡이, 칼, 지시하기 위해 쭉 뻗은 손가락, 소금, 그 밖에 개인적으로 선택한 재료 등이 있습니다.

바라보아야 할 방향

서쪽을 향할 때 효과가 가장 좋습니다. 양초를 배치하고 다른 도구나 강화 아이템들은 시전자가 서쪽을 바라보고 앉았을 때 앞에 오도록 놓아두세요.

달의 위상

하현달 또는 그믐달 시기에 효과가 가장 큽니다. 달이 점점 작아져 사라지듯, 두려움도 함께 줄어들어 사라지기를 바라는 마음이 담겨 있기 때문입니다.

요일

일요일, 금요일, 토요일에 수행할 수 있습니다. 그중에서도 일요일이 가장 적합합니다.

주문에 깊이를 더하는 마법 도구들

다음에 소개하는 항목들은 주문에 차원의 깊이를 더하고 스스로에게 한껏 집중할 수 있게 도와줍니다. 필수는 아니며, 도구가 없어도 주문은 작동합니다.

원석

가장 적합한 원석은 아쿠아마린(Aquamarine)입니다. 만약 다른 원석을 사용하고 싶다면, 그것을 시전자 앞에 두세요.

향

주문을 강화하는 데 좋은 향은 로즈메리 또는 라일락입니다. 향은 대형 내부에 안전하게 두되, 불을 붙일 때는 대형 밖에서 수행하도록 합니다.

음악

음악을 좋아하고 주문에 방해가 되지 않는다면, 피아노, 플루트, 어쿠스틱 기타와 같이 평온하고 느린 선율의 음악을 선택해 보세요. 당신이 편안하게 느끼는 음악이라면 무엇이든 괜찮습니다.

주문을 시작하기 전에

방해받지 않는 환경을 만드세요.

가능하다면 휴대폰은 꺼두세요.

차분한 음악을 틀어 주세요.

조명을 은은하게 낮춥니다.

주문을 시작하기 전에 손을 씻거나 샤워를 하세요.

사용할 향이 있다면 미리 피워 두세요.

필요한 모든 도구를 준비하고 가까운 곳에 놓아두세요.

대형을 그리세요.

더 높은 힘에게 이 정보가 당신을 통해 흐르도록 허락해 달라고 요청하세요.

확언

주문을 시작하기 전에, 대형 안에서 낭독하세요.

오늘 나는 두려움이 아닌 평온함을 선택합니다. 문제는 내가 두려움을 통제할 수 있는지가 아니라, 그 감정을 통제하기로 '선택할 것인지'입니다.

나는 얼마나 더 고통을 겪어야 결정을 내릴까요? 휴식과 행복을 위해서라도 지금 선택해야 합니다. 사람, 상황, 물건, 장소, 동물이 나를 두렵게 만드는 것이 아닙니다. 내가 감정을 만들어 낸 것입니다. 나는 내가 알고 있는 것보다 훨씬 큰 통제력을 지니고 있음을 압니다. 앞으로 나는 두려움을 덜 느끼도록 노력할 것이며, 주도권이 나에게 있다는 사실을 잊지 않을 것입니다. 그리고 그대로 이루어지리라.

주문 수행 방법

검은색 또는 파란색 양초를 손에 듭니다. 검은색은 부정적 에너지의 소멸, 파란색은 치유를 의미합니다. 이번 주문은 두려움을 해소하고 치유하는 것이므로 2가지 색 모두 적합합니다.

양초 심지 주위의 윗면에 당신이 내려놓고자 하는 두려움의 단어 또는 첫 글자를 새기세요. 예를 들어 비행에 대한 공포(Fear of Flying)를 내려놓고 싶다면 비(F) 또는 단어 전체를 새깁니다(단, 양초의 옆면이 아닌 윗면에 새기세요).

그런 다음 양초에 불을 붙이고, 글자나 단어 주변의 왁스가 녹아내려 보이지 않을 때까지 기다립니다. 기다리는 동안 아래 주문을 낭송하세요.

> 양초가 타오르면 내 두려움도 함께 타오를지니,
> 신성한 존재에게 간절히 청합니다.
> 끊이지 않는 공포로부터 저를 지켜 주소서.
> 이 주문은 완성되었고, 모든 말은 다 전해졌노라!

마음속으로 의식이 끝났음을 의미하는 문장을 말하며 주문을 마무리합니다. "그리고 그대로 이루어지리라.", "축복이 있으라.", "아멘." 이제, 촛불을 끄고 대형을 해제하세요.

타라쉬(Tarash), 특별한 치유 방식

타라쉬는 저와 제 몇몇 고객을 위해 개발한 치유법입니다. 이 기법은 잠재의식에 호소하는 시각화 기술입니다. 저는 물론, 시도한 여러 사람에게 효과가 있었습니다.

'타라쉬'는 'Tar(타르)'와 'Ash(재)'라는 두 단어의 결합에서 시작되었습니다. 이 기법의 핵심 원리는 몸 안의 병이나 아픔을 검은색 타르로 시각화하는 데 있습니다. 우울증, 과체중 혹은 육체적·정신적으로 사라지게 하고 싶은 것이라면 무엇이든 대상이 될 수 있습니다.

타르가 몸에서 빠져나가 색이 점점 옅어지고 재처럼 변해 가는 과정을 바라봅니다. 재는 더 희미해지고, 더 밝아지며, 마침내 당신의 몸 전체에 하얀빛만이 흐르게 될 것입니다. 그 빛은 당신의 몸을 오염시켰던 것들로부터 완전히 정화되었음을 상징합니다. 마치 막혀 있던 수도관에서 처음엔 검고 탁한 물이 밀려 나오다가 점점 맑은 물이 흐르는 과정처럼 느껴질 겁니다.

★ 참고 사항 : 이 방법은 기존의 의학 또는 대체 치료법을 보완하기 위한 것입니다. 어떠한 형태의 처방이나 치료를 대신할 순 없습니다.

수행에 필요한 마법 도구들

주문에 필요한 도구들은 선택한 대형에 따라 아래와 같이 준비합니다.

양초

시전자의 오른쪽에는 검은색 양초를, 왼쪽에는 하얀색 양초를 둡니다.

대형

모든 주문은 문 서클을 그리는 것에서 시작합니다. 문 서클은 당신을 보호하는 마법의 방패 역할을 합니다. 삼각형이나 사각형 대형을 그릴 경우에도 원을 먼저 그리고 그 안에 대형을 형성해야 합니다.

이 주문에 가장 적합한 대형은 원입니다. <다양한 대형 만들기> 섹션에서 소개한 방법에 따라 대형을 만드세요. 이때 사용할 수 있는 도구로는 지팡이, 칼, 지시하기 위해 쭉 뻗은 손가락, 소금, 그 밖에 개인적으로 선택한 재료 등이 있습니다.

바라보아야 할 방향

북쪽을 향할 때 효과가 가장 좋습니다. 양초를 배치하고 다른 도구나 강화 아이템들은 시전자가 북쪽을 바라보고 앉았을 때 앞에 오도록 놓습니다.

달의 위상

하현달 또는 그믐달 시기에 수행하면 효과가 가장 좋습니다.

요일

주문을 수행하기 가장 좋은 요일은 월요일 또는 토요일입니다.

주문에 깊이를 더하는 마법 도구들

다음에 소개하는 항목들은 주문에 차원의 깊이를 더하고 스스로에게 한껏 집중할 수 있게 도와줍니다. 필수는 아니며, 도구가 없어도 주문은 작동합니다.

원석

주문에 가장 적합한 원석은 투명한 수정입니다. 만약 다른 원석을 사용하고 싶다면, 그것을 시전자 앞에 두세요.

향

이 주문을 수행하는 동안에는 향을 피우지 마십시오.

음악

평소 음악을 좋아하고 주문에 방해가 되지 않는다면 당신에게 치유를 상징하는 음악을 틀어도 좋습니다. 백보컬이 포함된 음악도 괜찮습니다. 엔야(Enya)의 음악이 같은 걸로요. 무엇보다도 당신이 편안하게 느끼는 음악이 가장 좋습니다.

주문을 시작하기 전에

방해받지 않는 환경을 만드세요.

가능하다면 휴대폰은 꺼두세요.

차분한 음악을 틀어 주세요.

조명을 은은하게 낮춥니다.

주문을 시작하기 전에 손을 씻거나 샤워를 하세요.

사용할 향이 있다면 미리 피워 두세요.

필요한 모든 도구를 준비하고 가까운 곳에 놓아두세요.

대형을 그리세요.

이제 촛불을 밝히세요.

더 높은 힘에게 이 정보가 당신을 통해 흐르도록 허락해 달라고 요청하세요.

타라쉬 주문 준비 방법

1. 주문을 시작하기 전에, 혹은 대형을 그리기 전에 우선 당신 몸의 병든 부위를 시각화하십시오. 검은색 타르라고 떠올려 보세요. 문제가 있는 부위를 잘 모르겠다면, 온몸이 검은색 타르로 가득 찬 모습을 상상해도 됩니다. 주문을 시작하기 전 반드시 이 부정적인 물질의 위치를 파악하고 있어야 합니다.

2. 당신의 몸에서 '배출 지점'이 될 부위를 정하십시오. 배출 지점은 해치(Hatch : 배, 비행기, 우주선, 잠수함 등에 있는 작은 문이나 출입구), 구멍, 관, 배수구 또는 당신이 편안하게 느끼는 이미지와 비슷합니다. 이 시각화의 핵심은 배출 지점을 통해 독성 있는 타르를 사라지게 하는 것입니다. 당신만의 방식과 느낌을 따르는 것이 가장 좋습니다. 예를 들어, 뚜껑이 덮인 냄비를 떠올려 보세요. 뚜껑을 열면 김이 위로 빠져나가죠. 이 주문에서도 같은 원리가 적용됩니다. 몸 어딘가에 부정적인 에너지가 빠져나갈 수 있는 '출구'를 열어 주어야 합니다.

3. 의식을 모두 수행한 후에는 반드시 배출 지점을 닫아야 합니다. 닫는 방식도 본인에게 가장 잘 맞는 것으로 선택하세요. 예를 들어 해치가 내려오거나 덮개가 다시 씌워지는 장면, 스스로의 손이나 천사의 손, 당신이 믿는 신의 손이 배출 지점을 닫아 주는 모습 또는 해당 상황에 잘 맞다고 느껴지는 방식을 상상해 볼 수 있습니다.

이 모든 이미지와 생각이 머릿속에 또렷하게 자리 잡았다면, 이제 주문을 시작해 봅시다.

타라쉬 주문 수행 방법

1. 명상 공간으로 들어가 가만히 눈을 감습니다. 몇 분 동안 숨을 깊게 들이쉬고 내쉬세요. 몸이 충분히 이완되었다고 느껴지면, 당신의 배출 지점이 열리는 장면을 시각화합니다. 검은색 타르가 몸에서 느리게 빠져나가는 모습을 떠올립니다. 이 과정은 빠르게 이루어지는 것이 아니므로 시간을 충분히 가지세요. 타르가 몸 안을 지나 배출 지점까지 이동하는 모습을 상상합니다. 그저 자연스럽게 흘러나가도록 하세요.

2. 시간이 지나면, 검은색 타르가 재처럼 회색으로 변하기 시작합니다. 이는 몸 안의 병이 점점 옅어지고 있다는 신호이지만, 완전히 사라진 것은 아닙니다. 재가 점점 더 옅어지고 밝아져 떠나는 모습을 떠올리세요. 재가 배출 지점을 빠져나갈 때, 비워지고 있는 몸 속 부위를 바라봅니다. 그 자리에 하얀빛을 채워 넣으세요. 하얀빛은 타르가 있던 자리로 들어와 가득 찹니다. 모든 재가 빠져나가면, 하얀빛으로 걸러지는 모습이 보이기 시작할 것입니다. 정화된 에너지로 가득 찼다는 뜻이며, 언제든지 배출 지점을 닫을 수 있게 되었음을 의미합니다.

3. 배출 지점을 닫은 뒤에는 명상 공간에서 잠시 휴식을 취하세요. 그리고 "감사를 드립니다. 그대로 이루어졌습니다."라고 말합니다.

★ **참고 사항** : 과정을 진행하는 데 걸리는 시간은 당신이 안고 있는 문제의 크기에 따라 달라집니다. 재가 보일 때까지 여러 번의 반복이 필요할 수 있습니다. 반면, 덜 심각한 문제라면 한 번만으로도 정화가 이루어질 수 있습니다. 당신의 직관이 그 시점을 알려줄 것입니다.

모든 과정을 마쳤다면, 촛불을 끄고 대형을 해제하세요.

타인의 행복과 평온을 바라는 주문

수행에 필요한 마법 도구들

주문에 필요한 도구들은 선택한 대형에 따라 아래와 같이 준비합니다.

준비물

- 정령수
- 물을 담을 그릇이나 유리잔
- 인형(Effigy) : 특정 인물을 대신하는 것으로 사진이나 명함, 목걸이 같이 그 사람이 소유하거나 만졌던 물건이면 됩니다. 그들을 대표할 만한 물건이 없다면 종이에 성과 이름을 적어도 되고, 천이나 나뭇가지로 인형을 만들어도 됩니다. 투명한 수정으로도 대체가 가능합니다.

양초

시전자 앞쪽에 4개의 양초를 나란히 배치합니다. 왼쪽부터 보라색, 하얀색, 갈색, 그리고 맨 오른쪽에 분홍색 양초를 둡니다.

대형

모든 주문은 문 서클을 그리는 것에서 시작합니다. 문 서클은 당신을 보호하는 마법의 방패 역할을 합니다. 삼각형이나 사각형 대형을 그릴 경

우에도 원을 먼저 그리고 그 안에 대형을 형성해야 합니다.

이 주문에 가장 적합한 대형은 원입니다. <다양한 대형 만들기> 섹션에서 소개한 방법에 따라 대형을 만드세요. 이때 사용할 수 있는 도구로는 지팡이, 칼, 지시하기 위해 쭉 뻗은 손가락, 소금, 그 밖에 개인적으로 선택한 재료 등이 있습니다.

바라보아야 할 방향

북쪽을 향할 때 효과가 가장 좋습니다. 앞서 설명한 방법대로 양초를 배열하고, 다른 도구나 강화 아이템들은 시전자가 북쪽을 바라보고 앉았을 때 앞에 놓이도록 배치하세요.

달의 위상

초승달 또는 상현달 시기에 수행할 때 효과가 가장 좋습니다. 달이 차오르듯 시전자가 원하는 것도 자라나길 바라는 마음을 담기 때문입니다.

요일

요일에 상관없이 언제든지 수행할 수 있습니다.

주문에 깊이를 더하는 마법 도구들

다음에 소개하는 항목들은 주문에 차원의 깊이를 더하고 스스로에게 한껏 집중할 수 있게 도와줍니다. 필수는 아니며, 도구가 없어도 주문은 작동합니다.

원석

이 주문에 가장 적합한 원석은 장미 수정, 월장석, 토파즈(Topaz)입니다. 만약 다른 원석을 사용하고 싶다면, 그것을 시전자 앞에 두세요.

향

이 주문을 강화할 향으로는 캐모마일, 치자꽃(Gardenia), 페퍼민트(Peppermint)가 좋습니다. 향은 대형 내부에 안전하게 두되, 불을 붙일 때는 대형 밖에서 수행하도록 합니다.

음악

음악을 좋아하고 주문에 방해가 되지 않는다면, 가볍고 기분을 북돋아 주는 연주곡을 선택해 보세요. 당신이 편안하게 느끼는 음악이라면 무엇이든 괜찮습니다.

주문을 시작하기 전에

방해받지 않는 환경을 만드세요.

가능하다면 휴대폰은 꺼두세요.

차분한 음악을 틀어 주세요.

조명을 은은하게 낮춥니다.

주문을 시작하기 전에 손을 씻거나 샤워를 하세요.

사용할 향이 있다면 미리 피워 두세요.

필요한 모든 도구를 준비하고 가까운 곳에 놓아두세요.

대형을 그리세요.

더 높은 힘에게 이 정보가 당신을 통해 흐르도록 허락해 달라고 요청하세요.

확언

주문을 시작하기 전에, 대형 안에서 낭독하세요.

(사람 이름)이 안전한 길 위에 머물기를, 그리고 행복이 (그/그녀를) 감싸기를 바랍니다. (사람 이름)의 삶의 여정이 즐겁고 충만하길 바랍니다.

당신이 어디에 있든, 무엇을 하고 있든, 내가 우주의 빛을 통해 사랑의 에너지를 보내고 있음을 느끼길 바랍니다. 당신이 기도하거나 신성한 도움을 구할 때, 나는 당신과 함께합니다. 비록 당신이 이를 의식하지 못하더라도.

당신이 나를 떠올리는 모든 순간마다, 아주 잠깐뿐이더라도 나는 당신 곁에 있습니다. 그리고 그대로 이루어지리라.

주문 수행 방법

긍정적인 에너지를 보내주고 싶은 사람을 상징하는 인형을 앞에 놓습니다. 인형 위쪽에 손을 얹고 다음 주문을 낭송하세요.

온 우주의 힘을 다해,

지금 이 순간 나의 존재를 느끼길,

너에게 평온과 기쁨이 깃들길 기원하노라,

나를 느끼고, 나를 보아라, 나는 여기 있다.

이제 정령수를 인형 위에 살짝 뿌리세요. 마음속으로 의식이 끝났음을 의미하는 문장을 말하며 주문을 마무리합니다. "그리고 그대로 이루어지리라.", "축복이 있으라.", "아멘." 이제, 촛불을 끄고 대형을 해제하세요.

남은 정령수는 식물에 뿌리거나 야외에 버리십시오. 부득이하게 싱크대에 버려야 할 경우, 조심스럽게 부은 뒤 손을 배수구 위에 대고 말하세요. "땅으로 되돌아가라."

인형은 원하는 대로 처리하세요. 이미 자신의 역할을 다했기 때문에 어떻게 하든 상관없습니다.

·13·
사랑

결혼 또는 파트너십

이 주문은 두 사람을 가장 긍정적인 방식으로 결속하는 사랑의 주문입니다. 연인 관계에 있는 사람들은 누구나 이 주문을 수행할 수 있습니다. 서로 맺은 약속을 새롭게 다짐하고 싶을 때나 이제 막 함께하기로 결정했을 때 등 원할 때마다 반복해서 시행해도 됩니다.

수행에 필요한 마법 도구들

주문에 필요한 도구들은 선택한 대형에 따라 아래와 같이 준비합니다.

준비물

- 성배나 와인 잔 1개
- 레드 와인 또는 붉은색을 띤 주스 : 피의 결합을 상징합니다.
- 라벤더 오일
- 작은 가위(콧수염 또는 손톱용 가위 같은 것)
- 봉투
- 리본이나 끈, 실 2개(빨간색 또는 하얀색) 또는 검은색 가죽끈 - 약 15cm, 손목에 감을 수 있는 사이즈
- 가죽 팔찌도 사용 가능

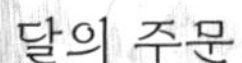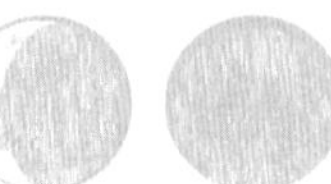

양초

분홍색, 하얀색, 빨간색 양초가 필요합니다.

대형

모든 주문은 문 서클을 그리는 것에서 시작합니다. 문 서클은 당신을 보호하는 마법의 방패 역할을 합니다. 삼각형이나 사각형 대형을 그릴 경우에도 원을 먼저 그리고 그 안에 대형을 형성해야 합니다.

이 주문에 가장 적합한 대형은 원입니다. 시전자와 파트너는 원 안에서 서로 마주 보되, 한 사람은 북쪽, 다른 한 사람은 남쪽을 바라봅니다. 대형을 만들 때 사용할 수 있는 도구로는 지팡이, 칼, 지시하기 위해 쭉 뻗은 손가락, 소금, 그 밖에 개인적으로 선택한 재료 등이 있습니다.

바라보아야 할 방향

한 사람은 남쪽, 다른 한 사람은 북쪽을 향해 앉아 서로 마주 볼 때 효과가 가장 좋습니다. 양초는 시전자의 오른쪽 한편에 배열하고, 나머지 도구와 강화 아이템들은 편한 곳에 둡니다.

달의 위상

보름달, 초승달, 상현달 시기에 수행할 때 가장 효과적입니다. 달이 점점 차올라 보름달이 되듯, 사랑이 커져 충만해지기를 바라는 마음이 담기기 때문입니다.

요일

주문을 수행하기에 가장 좋은 요일은 월요일, 화요일, 목요일, 금요일, 토요일입니다.

주문에 깊이를 더하는 마법 도구들

다음에 소개하는 항목들은 주문에 차원의 깊이를 더하고 스스로에게 한껏 집중할 수 있게 도와줍니다. 필수는 아니며, 도구가 없어도 주문은 작동합니다.

원석

주문에 가장 적합한 원석은 장미 수정입니다. 만약 다른 원석을 사용하고 싶다면, 그것을 시전자 앞에 두세요.

향

주문을 강화할 향으로는 파촐리, 계피(Cinnamon), 재스민이 좋습니다. 향은 대형 내부에 안전하게 두되, 불을 붙일 때는 대형 밖에서 수행하도록 합니다.

음악

평소 음악을 좋아하고 주문에 방해가 되지 않는다면 낭만적이거나 마음을 진정시켜 주는 연주곡을 선택해 보세요. 당신이 편안하게 느끼는 음악이라면 무엇이든 괜찮습니다.

주문을 시작하기 전에

방해받지 않는 환경을 만드세요.

가능하다면 휴대폰은 꺼두세요.

차분한 음악을 틀어 주세요.

조명을 은은하게 낮춥니다.

주문을 시작하기 전에 손을 씻거나 샤워를 하세요.

사용할 향이 있다면 미리 피워 두세요.

필요한 모든 도구를 준비하고 가까운 곳에 놓아두세요.

대형을 그리세요.

더 높은 힘에게 이 정보가 당신을 통해 흐르도록 허락해 달라고 요청하세요.

확언

주문을 시작하기 전에, 대형 안에서 낭독하세요.

오늘 우리는 서약합니다. 좋은 시절에도, 힘겨운 순간에도 서로를 사랑하고 존중할 것을. 달의 힘 아래 우리의 사랑을 결속하며 사랑과 이해로 이루어진 연합을 함께 만들어 갈 것을 다짐합니다.

주문 수행 방법

1. 두 사람이 서로 마주 보고 앉습니다. 한 사람은 북쪽, 다른 한 사람은 남쪽을 향합니다. 누가 어느 방향을 향하는지는 중요하지 않습니다. 북쪽을 향한 사람이 먼저 레드 와인 또는 주스를 한 모금 마시며 말합니다. "당신이 결코 갈증을 느끼지 않기를." 그런 다음, 잔을 상대방에게 건네고 잔을 받은 사람도 한 모금 마신 후 같은 말을 합니다. "당신이 결코 갈증을 느끼지 않기를."

2. 두 사람은 함께 양초에 라벤더 오일을 바릅니다. 밑부분부터 꼭대기까지, 모든 양초에 바르도록 합니다.

3. 이제 남쪽을 향한 사람이 와인이나 주스를 한 모금 마시며 말합니

다. "당신은 나의 빛입니다." 그 다음, 상대방도 같은 말을 하며 한 모금 마십니다. "당신은 나의 빛입니다."

4. 서로의 머리카락을 아주 조금씩 잘라 봉투에 담습니다. 봉투는 옆에 따로 두세요.

5. 다시 북쪽을 향한 사람이 와인이나 주스를 한 모금 마시며 말합니다. "우리는 하나입니다." 그 다음, 상대방도 같은 말을 하며 한 모금 마십니다. "우리는 하나입니다."

6. 리본이나 끈을 파트너의 손목에 묶습니다. 묶는 순서는 상관없습니다. 남쪽을 향한 사람이 와인이나 주스를 한 모금 마시며 말합니다. "당신은 나에게 결속되었습니다." 그런 다음 상대방도 같은 말을 하며 마십니다. "당신은 나에게 결속되었습니다."

7. 서로 키스한 후, 다음의 주문을 함께 낭송하세요. "오늘 밤, 우리는 우리의 사랑을 결속합니다."

8. 봉투에서 서로의 머리카락을 조금 꺼내어 바람에 흩뿌립니다. 양이 충분하지 않다면, 손가락 끝에 붙을 정도로 몇 가닥만 집어서 하늘을 향해 날리세요.

마음속으로 의식이 끝났음을 의미하는 문장을 말하며 주문을 마무리합니다. "그리고 그대로 이루어지리라.", "축복이 있으라.", "아멘." 이제, 촛불을 끄고 대형을 해제하세요.

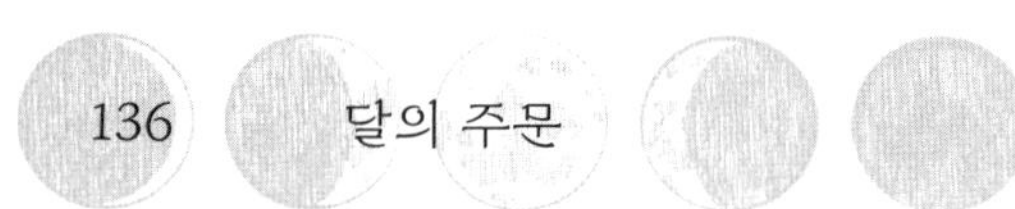

상대를 유혹하는 주문

이 주문은 장기적인 관계를 원하지는 않지만 가끔 친밀한 순간을 함께 나눌 사람을 찾고 싶을 때 주로 수행합니다.

수행에 필요한 마법 도구들

주문에 필요한 도구들은 선택한 대형에 따라 아래와 같이 준비합니다.

준비물

- 사람 모양으로 잘 자른 종이판 2개 : 하나는 자신을, 다른 하나는 당신이 끌어들이고자 하는 사람을 상징합니다.
- 파촐리 오일(Patchouli Oil)
- 종이와 펜
- 분홍색 봉투

양초

노란색 양초는 당신 앞 왼쪽에, 분홍색 양초는 당신 앞 오른쪽에 놓습니다.

대형

모든 주문은 문 서클을 그리는 것에서 시작합니다. 문 서클은 당신을 보호하는 마법의 방패 역할을 합니다. 삼각형이나 사각형 대형을 그릴 경

우에도 원을 먼저 그리고 그 안에 대형을 형성해야 합니다.

이 주문에 가장 적합한 대형은 원입니다. <다양한 대형 만들기> 섹션에서 소개한 방법에 따라 대형을 만드세요. 이때 사용할 수 있는 도구로는 지팡이, 칼, 지시하기 위해 쭉 뻗은 손가락, 소금, 그 밖에 개인적으로 선택한 재료 등이 있습니다.

바라보아야 할 방향

남쪽을 향할 때 가장 효과적입니다. 양초를 배치하고 다른 도구나 강화 아이템들은 시전자가 남쪽을 바라보고 앉았을 때 앞에 오도록 놓아둡니다.

달의 위상

보름달이나 상현달 시기에 수행할 때 가장 효과적입니다. 달이 차오르는 것처럼 사랑의 기회도 충만하게 커지길 바라는 마음이 담겨 있기 때문입니다.

요일

주문을 수행하기에는 금요일이 가장 좋지만, 수요일과 토요일을 제외한 나머지 요일에도 수행할 수 있습니다. 수요일과 토요일은 덜 유리한 날로 간주됩니다.

주문에 깊이를 더하는 마법 도구들

다음에 소개하는 항목들은 주문에 차원의 깊이를 더하고 스스로에게 한껏 집중할 수 있게 도와줍니다. 필수는 아니며, 도구가 없어도 주문은 작동합니다.

원석

주문에 적합한 원석은 장미 수정과 핑크 투어말린(Pink Tourmaline)입니다. 만약 다른 원석을 사용하고 싶다면, 그것을 시전자 앞에 두세요.

향

주문을 강화할 향으로는 머스크와 용연향이 있습니다. 향은 대형 내부에 안전하게 두되, 불을 붙일 때는 대형 밖에서 수행하도록 합니다.

음악

평소 음악을 좋아하고 주문에 방해가 되지 않는다면 부드럽거나 감각적인 분위기의 음악을 선택해 보세요.

예를 들어, 미국 원주민의 북소리나 플루트 연주 또는 모리스 라벨(Maurice Ravel)의 볼레로(Bolero) 같은 곡 등이 있습니다. 당신이 편안하게 느끼는 음악이라면 무엇이든 괜찮습니다.

주문을 시작하기 전에

방해받지 않는 환경을 만드세요.

가능하다면 휴대폰은 꺼두세요.

차분한 음악을 틀어 주세요.

조명을 은은하게 낮춥니다.

주문을 시작하기 전에 손을 씻거나 샤워를 하세요.

사용할 향이 있다면 미리 피워 두세요.

필요한 모든 도구를 준비하고 가까운 곳에 놓아두세요.

대형을 그리세요.

양초에 불을 붙이세요.

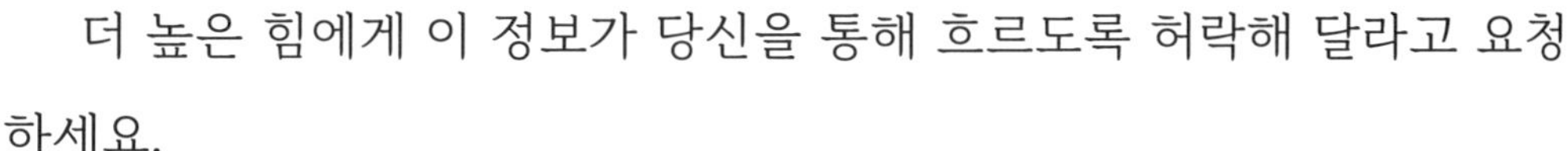

　더 높은 힘에게 이 정보가 당신을 통해 흐르도록 허락해 달라고 요청하세요.

확언

주문을 시작하기 전에, 대형 안에서 낭독하세요.

> 지금 내 삶에는 영구적인 관계가 필요치 않지만, 나와 비슷한 마음을 지닌 사람과 친밀한 교감을 나누고 싶습니다.
> 우리는 특별한 시간을 함께하게 될 것이며, 그 끝이 다가오면 이해와 우정 속에서 각자의 길로 나아갈 것입니다. 그리고 그대로 이루어지리라.

주문 수행 방법

　대형을 그린 후 사람 형태의 종이판 2개에 파촐리 오일을 살짝 묻힙니다. 그 다음, 하나는 북쪽, 다른 하나는 남쪽에 배치합니다. 어느 인형을 어느 방향에 둘지는 중요하지 않으며, 당신의 직관에 따라 배치하세요. 이제 다음의 주문을 낭송합니다.

> 날마다 나는 너를 끌어당긴다.
> 언젠가 너는 이곳으로 올 것이다.
> 우리의 시간은 짧고 끝이 있기에,
> 우리는 그 사실을 알고, 속이지 않으리라.
> 그러니 빠르게 오라, 달콤하게 오라,

이 주문으로 우리가 만나게 될지니!

마음속으로 의식이 끝났음을 의미하는 문장을 말하며 주문을 마무리합니다. "그리고 그대로 이루어지리라.", "축복이 있으라.", "아멘."

이제, 촛불을 끄고 대형을 해제하세요. 종이판은 당신이 고른 방의 양쪽 끝에 각각 놓아둡니다. 이후 9일 동안, 두 종이판이 조금씩 가까워지도록 옮기세요. 9일째 되는 날, 종이판 2개를 하나의 봉투에 넣습니다. 실이나 리본으로 묶어도 됩니다. 두 조각이 서로 닿아 있게 하되, 스테이플러는 사용하지 마세요.

이 봉투는 그 사람이 당신의 삶 속으로 들어올 때까지 침대 근처에 보관합니다. 관계가 자연스럽게 끝났을 때, 인형들을 불태워 정리함으로써 당신과 그 사람은 한층 자유로워질 것입니다.

소울메이트를 위한 주문

이 주문은 신체적, 정신적, 영적으로 당신과 조화를 이루는 사람을 끌어들이기 위한 것입니다. 완벽한 사람은 존재하지 않으며, 원하는 만큼 모든 조건을 갖춘 사람도 없습니다. 인내심을 갖고, 특정 인물을 떠올리지 마십시오. 우주가 당신을 어떻게 놀래킬지 지켜보세요.

수행에 필요한 마법 도구들

주문에 필요한 도구들은 선택한 대형에 따라 아래와 같이 준비합니다.

준비물

- 장미 가시 2개 : 장미는 '사랑의 꽃'을 상징하며, 아름다운 것을 얻으려면 때론 아픔을 견뎌야 한다는 데에서 비롯되었습니다. 기다림 자체일 수도 있죠. 가시를 양초에 고정할 때 부러질 수 있으니 여분의 가시를 준비하세요.

양초

분홍색 양초가 필요합니다.

대형

모든 주문은 문 서클을 그리는 것에서 시작합니다. 문 서클은 당신을 보호하는 마법의 방패 역할을 합니다. 삼각형이나 사각형 대형을 그릴 경우에도 원을 먼저 그리고 그 안에 대형을 형성해야 합니다.

이 주문에 가장 적합한 대형은 원입니다. <다양한 대형 만들기> 섹션에서 소개한 방법에 따라 대형을 만드세요. 이때 사용할 수 있는 도구로는 지팡이, 칼, 지시하기 위해 쭉 뻗은 손가락, 소금, 그 밖에 개인적으로 선택한 재료 등이 있습니다.

바라보아야 할 방향

남쪽을 향할 때 가장 효과적입니다. 양초를 배치하고 다른 도구나 강화 아이템들은 시전자가 남쪽을 바라보고 앉았을 때 앞에 있도록 놓아둡니다.

달의 위상

보름달이나 초승달 시기에 수행할 때 가장 효과적입니다.

요일

주문을 수행하기에 가장 좋은 요일은 일요일, 화요일, 금요일입니다.

주문에 깊이를 더하는 마법 도구들

다음에 소개하는 항목들은 주문에 차원의 깊이를 더하고 스스로에게 한껏 집중할 수 있게 도와줍니다. 필수는 아니며, 도구가 없어도 주문은 작동합니다.

원석

주문에 가장 적합한 원석은 장미 수정과 핑크 투어말린입니다. 만약 다른 원석을 사용하고 싶다면, 그것을 시전자 앞에 두세요.

향

주문을 강화할 향으로는 사과꽃(Apple Blossom)과 파촐리가 있습니다. 향은 대형 내부에 안전하게 두되, 불을 붙일 때는 대형 밖에서 수행하도록 합니다.

음악

평소 음악을 좋아하고 주문에 방해가 되지 않는다면 뉴에이지, 클래식, 바로크 음악 또는 하프나 플루트가 포함된 낭만적인 연주곡을 선택해 보세요. 당신이 편안하게 느끼는 음악이라면 무엇이든 괜찮습니다.

주문을 시작하기 전에

방해받지 않는 환경을 만드세요.

가능하다면 휴대폰은 꺼두세요.

차분한 음악을 틀어 주세요.

조명을 은은하게 낮춥니다.

주문을 시작하기 전에 손을 씻거나 샤워를 하세요.

사용할 향이 있다면 미리 피워 두세요.

필요한 모든 도구를 준비하고 가까운 곳에 놓아두세요.

대형을 그리세요.

더 높은 힘에게 이 정보가 당신을 통해 흐르도록 허락해 달라고 요청하세요.

확언

주문을 시작하기 전에, 대형 안에서 낭독하세요.

진정한 사랑에는 인내심이 필요하다는 것을 이해합니다. 이 힘은 내가 정한 대로가 아니라 나에게 가장 적합할 때 움직인다는 것을 압니다.

누군가 내 앞에 나타났을 때 나의 소울메이트라고 느껴진다면, 나는 시간을 들여 그 사람이 진정 내가 찾던 인물인지 살펴볼 것입니다. 만약 그렇지 않다면, 흘러가지 않는 관계를 이어가려 하지 않고 품위 있게 새로운 희망을 안고 나아갈 것입니다.

분홍색 양초의 가운데에 장미 가시 2개를 고정하고, 촛불을 밝히세요. 이제 아래의 주문을 낭송합니다.

나는 달을 바라본다. 나는 태양을 바라본다.

우리는 함께 하나가 될 것이다.

나는 매일 기다릴 것이다.

더운 날에도, 추운 날에도.

우리가 다시 만나, 입을 맞출 그날까지.

마음속으로 의식이 끝났음을 의미하는 문장을 말하며 주문을 마무리 합니다. "그리고 그대로 이루어지리라.", "축복이 있으라.", "아멘." 이제, 촛불을 끄고 대형을 해제하세요.

당신이 느껴져요, 어디에 있나요?

이 주문은 전생에 연이 있던 사람과의 연결을 돕기 위한 주문입니다.

수행에 필요한 마법 도구들

주문에 필요한 도구들은 선택한 대형에 따라 아래와 같이 준비합니다.

준비물

- 화이트 또는 레드 와인, 혹은 주스
- 성배 또는 특별한 컵
- 작은 장미 수정 1조각(다듬어진 것, 원석 그대로인 것 모두 가능)

양초

빨간색, 노란색, 하얀색, 분홍색 양초가 필요하며, 주문 수행 중 불을 켜야 합니다. 시전자 앞에 일렬로 배치하세요.

대형

모든 주문은 문 서클을 그리는 것에서 시작합니다. 문 서클은 당신을 보호하는 마법의 방패 역할을 합니다. 삼각형이나 사각형 대형을 그릴 경우에도 원을 먼저 그리고 그 안에 대형을 형성해야 합니다.

이 주문에 가장 적합한 대형은 원입니다. <다양한 대형 만들기> 섹션에서 소개한 방법에 따라 대형을 만드세요. 이때 사용할 수 있는 도구로는 지팡이, 칼, 지시하기 위해 쭉 뻗은 손가락, 소금, 그 밖에 개인적으로 선택한 재료 등이 있습니다.

바라보아야 할 방향

북쪽을 향할 때 가장 효과적입니다. 양초를 배치하고 다른 도구나 강화 아이템들은 시전자가 북쪽을 바라보고 앉았을 때 앞에 있도록 놓아둡니다.

달의 위상

보름달 시기에 수행할 때 가장 효과적입니다. 어딘가에 있을 그 사람과 만날 가능성을 높이고 싶은 마음이 담기기 때문입니다.

요일

주문을 수행하기에 가장 좋은 요일은 월요일, 화요일, 금요일입니다. 하지만 원하는 요일에 언제든지 수행 가능합니다.

주문에 깊이를 더하는 마법 도구들

다음에 소개하는 항목들은 주문에 차원의 깊이를 더하고 스스로에게 한껏 집중할 수 있게 도와줍니다. 필수는 아니며, 도구가 없어도 주문은 작동합니다.

원석

주문에 적합한 원석은 홍옥수(Carnelian)와 청금석(Lapis Lazuli)입니다. 만약 다른 원석을 사용하고 싶다면, 그것을 시전자 앞에 두세요.

향

주문을 강화할 향으로는 머스크와 기린혈이 있습니다. 향은 대형 내부에 안전하게 두되, 불을 붙일 때는 대형 밖에서 수행하도록 합니다.

음악

평소 음악을 좋아하고 주문에 방해가 되지 않는다면 미국 원주민의 북소리, 플루트 연주, 성가 또는 낭만적으로 느껴지는 연주곡 등 감각적이거나 마음을 진정시키는 음악을 선택해 보세요. 당신이 편안하게 느끼는 음악이라면 무엇이든 괜찮습니다.

주문을 시작하기 전에

방해받지 않는 환경을 만드세요.

가능하다면 휴대폰은 꺼두세요.

차분한 음악을 틀어 주세요.

조명을 은은하게 낮춥니다.

주문을 시작하기 전에 손을 씻거나 샤워를 하세요.

사용할 향이 있다면 미리 피워 두세요.

필요한 모든 도구를 준비하고 가까운 곳에 놓아두세요.

대형을 그리세요.

더 높은 힘에게 이 정보가 당신을 통해 흐르도록 허락해 달라고 요청하세요.

확언

주문을 시작하기 전에, 대형 안에서 낭독하세요.

오늘 밤, 이 달의 속삭임을 들으소서. 나는 당신의 존재를 느끼지만 당신이 누구인지, 어디에 있는지는 알지 못합니다. 내 마음은 당신에 대한 생각으로 떠돕니다.

우리는 운명처럼 함께할 사이일까요, 아니면 이제는 사라져 버린 한때의 전생에서 비롯된 감정의 부산물일까요? 당신은 단지 환상에 불과한가요, 아니면 정말 존재하나요?

오, 달의 힘이여, 내 혼란을 느끼소서. 왜 나는 한 번도 만난 적 없는 사람에 대한 막연한 생각에 이토록 끌리는 걸까요? 무엇이 우리를 만나지 못하게 막고 있는 걸까요? 만일 이 인연이 진정한 사랑이라면, 은총을 통해 더 이상 우리를 갈라놓지 마소서.

주문 수행 방법

1. 노란색 양초에 불을 켜고 말합니다. "나는 여기 있습니다. 내게 오세요."

2. 와인 또는 주스를 한 모금 마십니다.

3. 빨간색 양초에 불을 켜고 말합니다. "내 숨결을 느껴주세요."

4. 하얀색 양초에 불을 켜고 말합니다. "우리가 서로를 찾을 수 있도록 빛이 함께하길."

5. 장미 수정을 들고, 3개의 양초 위를 천천히 넘어갑니다. 불이 붙지 않도록 충분히 높은 위치에서 움직이세요

6. 이제 장미 수정을 가슴 위에 올려놓고, 눈을 감습니다. 얼굴 없이 형체만 보이는 실루엣을 떠올리려 해보세요. 만약 아무런 이미지도 떠오르지 않는다면 억지로 떠올리려 하지 말고 그저 흘려보내세요.

마지막으로 분홍색 양초에 불을 켜고, 다음의 주문을 낭송합니다.

> 나는 마법의 힘을 지닌 달을 바라봅니다.
> 당신도 정확히 지금 이 순간 달을 보고 있나요?
> 나는 당신을 알지 못하고 말을 건네 본 적도 없지만,
> 이 주문은 지금 수행되었고 이제 깨뜨릴 수 없습니다.

마음속으로 의식이 끝났음을 의미하는 문장을 말하며 주문을 마무리합니다. "그리고 그대로 이루어지리라.", "축복이 있으라.", "아멘." 이제,

촛불을 끄고 대형을 해제하세요.

대형을 해제한 뒤에는, 당신이 매일 볼 수 있는 곳에 장미 수정을 놓아두세요. 그리고 다음에 또 다른 장미 수정을 보게 된다면 그것을 사서 눈에 띄지 않는 곳에 보관하세요. 언젠가 당신과 함께할 사람에게 그 돌을 건네게 될 것임을 기억하세요. 마침내 두 원석은 나란히 놓일 것입니다.

이별을 위한 주문

이 주문은 새로운 삶을 향해 나아갈 힘을 찾는 데 유용한 도움이 될 수 있습니다.

수행에 필요한 마법 도구들

주문에 필요한 도구들은 선택한 대형에 따라 아래와 같이 준비합니다.

양초

검은색 양초 하나를 앞에 두고, 화로와 성냥 혹은 라이터를 준비하세요.

대형

모든 주문은 문 서클을 그리는 것에서 시작합니다. 문 서클은 당신을 보호하는 마법의 방패 역할을 합니다. 삼각형이나 사각형 대형을 그릴 경우에도 원을 먼저 그리고 그 안에 대형을 형성해야 합니다. 이 주문에 가장 적합한 대형은 원입니다. 단, 이번 주문에서는 시계 방향이 아닌 반시계 방향으로 원을 그려야 합니다. 그 사람이 당신의 삶에 존재하지 않았던 시간으로 되돌아간다는 의미입니다. <다양한 대형 만들기> 섹션에서 소개한 방법에 따라 대형을 만드세요. 이때 사용할 수 있는 도구로는 지팡이, 칼, 지시하기 위해 쭉 뻗은 손가락, 소금, 그 밖에 개인적으로 선택한 재료 등이 있습니다.

바라보아야 할 방향

북쪽을 향할 때 효과적입니다. 양초를 배치하고 다른 도구나 강화 아이템들은 시전자가 북쪽을 바라보고 앉았을 때 앞에 있도록 놓아두세요.

달의 위상

하현달이나 그믐달 시기에 수행할 때 가장 효과적입니다. 달이 차오르듯 새로운 사랑의 기회도 늘어나길 바라는 마음을 담기 때문입니다.

요일

가장 적합한 요일은 일요일과 토요일입니다. 하지만 주 중에도 어느 날이든 수행 가능합니다.

주문에 깊이를 더하는 마법 도구들

다음에 소개하는 항목들은 주문에 차원의 깊이를 더하고 스스로에게 한껏 집중할 수 있게 도와줍니다. 필수는 아니며, 도구가 없어도 주문은 작동합니다.

원석

주문에 가장 적합한 원석은 검은색 계열의 돌, 즉 오닉스(Onyx), 흑요석, 제트(Jet)입니다. 만약 다른 원석을 사용하고 싶다면, 그것을 시전자 앞에 두세요.

향

주문을 강화할 향으로는 라벤더, 삼나무, 시트러스가 있습니다. 향은 대형 내부에 안전하게 두되, 불을 붙일 때는 대형 밖에서 수행합니다.

음악

평소 음악을 좋아하고 주문에 방해가 되지 않는다면 성가, 드럼 연주, 부드러운 화성 패턴 등이 담긴 음악을 선택해 보세요. 당신이 편안하게 느끼는 음악이라면 무엇이든 괜찮습니다.

주문을 시작하기 전에

방해받지 않는 환경을 만드세요.

가능하다면 휴대폰은 꺼두세요.

차분한 음악을 틀어 주세요.

조명을 은은하게 낮춥니다.

주문을 시작하기 전에 손을 씻거나 샤워를 하세요.

사용할 향이 있다면 미리 피워 두세요.

필요한 모든 도구를 준비하고 가까운 곳에 놓아두세요.

대형을 그리세요.

더 높은 힘에게 이 정보가 당신을 통해 흐르도록 허락해 달라고 요청하세요.

확언

주문을 시작하기 전에, 대형 안에서 낭독하세요.

내가 있는 이 자리에서 나는 답을 찾고자 합니다. 나는 내 내면과 인도자들의 지혜를 느낍니다. 모든 생명이 비롯된 근원적 존재의 기운을 감지합니다.

나는 어느 길로 가야 할지 몰라 지쳐가고 있습니다. (사랑했거나 사랑하고 있는 사람의 이름)에게 사랑을 느꼈으나, 한때 강력했던 연대가 끝나감을 느낍니다. 결정을 내리기 위한 의지를 갖도록 나의 나약함을 극복하게 도와주소서. 나는 이별에 대해 이성적이고 명료하게 고민하였습니다. 이 상황을 슬퍼하되, 새 희망과 열정으로 나아가겠습니다.

이 경험은 나의 발전 단계 중 하나였으며, 내가 겪어야 할 일이었습니다. 문이 닫힐 때, 나는 너무 오래 그 문을 바라보지 않을 것입니다. 나는 이제 새 문이 열리고 있는 곳을 향해 나아갈 것입니다. 그리고 그대로 이루어지리라.

검은색 양초를 응시하며, 떠나려 하는 사람의 형상이 점점 작아지다 결국 불꽃 속으로 사라지는 모습을 시각화하세요.

주문 수행 방법

이제 다음의 주문을 낭송하세요.

우리는 헤어지지만
당신의 앞날이 평안하기를 바랍니다.
이제 나는 내 마음을 따릅니다.

> 서로가 가야 할 길이 다르기에,
> 우리의 인연은 오늘로 끝을 맺습니다.

마음속으로 의식이 끝났음을 의미하는 문장을 말하며 주문을 마무리합니다. "그리고 그대로 이루어지리라.", "축복이 있으라.", "아멘." 이제, 촛불을 끄고 대형을 해제하세요.

감각적 욕망을 위한 주문

이 주문은 이미 존재하는 관계에 마법 같은 자극을 더해 줄 것입니다.

수행에 필요한 마법 도구들

주문에 필요한 도구들은 선택한 대형에 따라 아래와 같이 준비합니다.

준비물

- 붉은색 반짝이(Red Glitter) : 흥분과 반짝이는 열정을 상징합니다.
- 파촐리 오일
- 바닐라

바닥에서 주문을 수행할 경우, 의식이 끝난 뒤 반짝이가 카펫에 달라붙지 않도록 종이판이나 보호용 덮개를 준비하는 것이 좋습니다.

양초

빨간색 양초 2개가 필요하며, 모두 시전자 앞에 배치합니다.

대형

모든 주문은 문 서클을 그리는 것에서 시작합니다. 문 서클은 당신을 보호하는 마법의 방패 역할을 합니다. 삼각형이나 사각형 대형을 그릴 경우에도 원을 먼저 그리고 그 안에 대형을 형성해야 합니다.

이 주문에 가장 적합한 대형은 원입니다. <다양한 대형 만들기> 섹션에서 소개한 방법에 따라 대형을 만드세요. 이때 사용할 수 있는 도구로는 지팡이, 칼, 지시하기 위해 쭉 뻗은 손가락, 소금, 그 밖에 개인적으로 선택한 재료 등이 있습니다.

바라보아야 할 방향

남쪽을 향할 때 가장 효과적입니다. 양초를 배치하고 다른 도구나 강화 아이템들은 시전자가 남쪽을 바라보고 앉았을 때 앞에 있도록 놓아두세요.

달의 위상

보름달 또는 상현달 시기에 수행할 때 가장 효과적입니다. 달이 차오르듯 사랑의 기회도 늘어나기를 바라는 마음이 담기기 때문입니다.

요일

주문을 수행하기에 가장 좋은 요일은 월요일, 화요일, 목요일, 금요일입니다. 수요일과 토요일은 덜 유리하다고 여겨집니다.

주문에 깊이를 더하는 마법 도구들

다음에 소개하는 항목들은 주문에 차원의 깊이를 더하고 스스로에게

한껏 집중할 수 있게 도와줍니다. 필수는 아니며, 도구가 없어도 주문은 작동합니다.

원석

주문에 가장 적합한 원석은 홍옥수, 장미 수정, 공작석(Malachite)입니다. 만약 다른 원석을 사용하고 싶다면, 그것을 시전자 앞에 두세요.

향

주문을 강화할 향으로는 사과, 용연향, 재스민이 있습니다. 향은 대형 내부에 안전하게 두되, 불을 붙일 때는 대형 밖에서 수행하도록 합니다.

음악

평소 음악을 좋아하고 주문에 방해가 되지 않는다면 낭만적이고 감각적인 분위기의 연주곡을 선택해 보세요. 점점 고조되는 구간이 있는 음악도 좋습니다. 당신이 편안하게 느끼는 음악이라면 무엇이든 괜찮습니다.

주문을 시작하기 전에

방해받지 않는 환경을 만드세요.

가능하다면 휴대폰은 꺼두세요.

차분한 음악을 틀어 주세요.

조명을 은은하게 낮춥니다.

주문을 시작하기 전에 손을 씻거나 샤워를 하세요.

사용할 향이 있다면 미리 피워 두세요.

필요한 모든 도구를 준비하고 가까운 곳에 놓아두세요.

대형을 그리세요.

더 높은 힘에게 이 정보가 당신을 통해 흐르도록 허락해 달라고 요청하세요.

확언

주문을 시작하기 전에, 대형 안에서 낭독하세요.

우리는 때때로 육체적인 열정을 더 많이 느끼고자 합니다. 오늘 나는 파트너와 함께 삶에 더 많은 즐거움을 가져오기 위해 주도적으로 행동하려 합니다.

다음에는 파트너와 함께 있을 때 더 매혹적인 옷을 입는다든지, 로맨틱하고 신비로운 분위기를 연출하는 등 외적으로도 다양한 변화를 시도해 보려고 합니다.

주문 수행 방법

촛불을 켜기 전, 양초에 파촐리 오일과 바닐라를 바릅니다. 초의 아랫부분에서 윗부분까지 필요하다고 느끼는 만큼 가볍게 오일을 찍어 바르세요. 그 다음, 붉은색 반짝이를 촛불 위에 살짝 뿌립니다(많이 뿌릴 필요 없습니다).

이제 촛불을 밝히고, 다음의 주문을 낭송하세요.

나를 떠올릴 때 당신의 열정이 반짝이기를.
그 열정이 3배로 고조되고 피어오르기를.
나를 바라보는 순간 불꽃 같은 감정을 느끼기를.

우리는 그 깊은 욕망을 함께 달래게 될 것입니다.

마음속으로 의식이 끝났음을 의미하는 문장을 말하며 주문을 마무리합니다. "그리고 그대로 이루어지리라.", "축복이 있으라.", "아멘." 이제, 촛불을 끄고 대형을 해제하세요.

14

경력, 직업

사업을 시작하기 위한 주문

수행에 필요한 마법 도구들

주문에 필요한 도구들은 선택한 대형에 따라 아래와 같이 준비합니다.

준비물

- 봉투 1장
- 펜
- 작은 씨앗 3개(양귀비 씨앗이나 잔디 씨앗처럼 작은 것)

양초

하얀색 양초 2개, 초록색 양초 2개가 필요합니다. 정사각형의 네 방향(동서남북) 중간 지점에 배치합니다(모서리가 아닙니다). 배치 순서는 동쪽이자 시전자 앞쪽에 하얀색 초를, 북쪽과 남쪽에 각각 초록색 양초를, 서쪽이자 시전자 뒤쪽에 하얀색 양초를 둡니다.

대형

모든 주문은 문 서클을 그리는 것에서 시작합니다. 문 서클은 당신을 보호하는 마법의 방패 역할을 합니다. 삼각형이나 사각형 대형을 그릴 경우에도 원을 먼저 그리고 그 안에 대형을 형성해야 합니다.

이 주문에 가장 적합한 대형은 사각형(Sqaure)입니다. <다양한 대형 만들기> 섹션에서 소개한 방법에 따라 대형을 만드세요. 이때 사용할 수 있는 도구로는 지팡이, 칼, 지시하기 위해 쭉 뻗은 손가락, 소금, 그 밖에 개인적으로 선택한 재료 등이 있습니다.

바라보아야 할 방향

동쪽을 향할 때 가장 효과적입니다. 앞서 설명한 방식대로 양초를 배치하고, 다른 도구나 강화 아이템들이 시전자가 동쪽을 바라보고 앉았을 때 앞에 있도록 놓아두세요.

달의 위상

초승달 시기에 수행할 때 가장 효과적입니다. 달이 차오르듯 사업과 일에 관련된 기회도 늘어나기를 바라는 마음이 담기기 때문입니다.

요일

주문을 수행하기에 가장 좋은 요일은 월요일, 화요일, 수요일, 목요일, 토요일입니다.

주문에 깊이를 더하는 마법 도구들

다음에 소개하는 항목들은 주문에 차원의 깊이를 더하고 스스로에게 한껏 집중할 수 있게 도와줍니다. 필수는 아니며, 도구가 없어도 주문은 작동합니다.

원석

주문에 가장 적합한 원석은 황수정(Citrine)입니다.

향

주문을 강화할 향으로는 등나무가 있습니다. 향은 대형 내부에 안전하게 두되, 불을 붙일 때는 대형 밖에서 수행하도록 합니다.

음악

평소 음악을 좋아하고 주문에 방해가 되지 않는다면 미국 원주민의 북소리처럼 강한 비트가 있는 음악을 선택해 보세요. 당신이 편안하게 느끼는 음악이라면 무엇이든 괜찮습니다.

주문을 시작하기 전에

방해받지 않는 환경을 만드세요.

가능하다면 휴대폰은 꺼두세요.

차분한 음악을 틀어 주세요.

조명을 은은하게 낮춥니다.

주문을 시작하기 전에 손을 씻거나 샤워를 하세요.

사용할 향이 있다면 미리 피워 두세요.

필요한 모든 도구를 준비하고 가까운 곳에 놓아두세요.

대형을 그리세요.

더 높은 힘에게 이 정보가 당신을 통해 흐르도록 허락해 달라고 요청하세요.

확언

주문을 시작하기 전에 대형 안에서 낭독하세요.

사업을 성공시키려면 내가 하는 일에 대한 열정과 추진력이 필요하다는 것을 알고 있습니다. 나는 내 사업의 장점과 단점을 분석하는 데 기꺼이 시간을 들일 것입니다.

만약 내가 기회를 잡아 행복을 향해 나아간다면 물질적인 보상도 따라올 것입니다. 진정으로 열정을 가지고 일할 때 나는 우주와 조화를 이루며 일하고 있는 것입니다.

우주가 어떤 행동에 대해 긍정적인 열망을 보내올 때 우리는 그것을 무시해서는 안 됩니다. 그것은 분명한 메시지이며, 이 길이 내가 가야 할 진정한 방향인지 통찰할 수 있게 해줍니다.

이 길이 나의 행복을 위한 길이라 판단한다면, 나는 실패를 예상하지 않고 앞으로 나아갈 것입니다. 부정적인 생각, 분노, 두려움, 자기연민은 에너지의 흐름을 막습니다. 긍정적인 마음으로 성공의 진동에 나 자신을 맞추겠습니다. 그리고 그대로 이루어지리라.

주문 수행 방법

대형을 그린 뒤, 양초에 불을 붙이고 편안하게 있습니다. 사업의 명칭이 있다면 봉투에 적고, 아직 정하지 않았다면 '나의 새 사업'이라고 적습니다. 씨앗 3개를 봉투 안에 넣고 봉합니다. 그리고 아래의 주문을 낭송하세요.

새로운 사업이 지금 여기서 시작되길,

올해 내내 성장하고 번성하길.

스트레스도 갈등도

나의 추진력을 방해할 수 없게 하소서.

그리고 그렇게 되어, 당신은 나아갑니다.

마음속으로 의식이 끝났음을 의미하는 문장을 말하며 주문을 마무리합니다. "그리고 그대로 이루어지리라.", "축복이 있으라.", "아멘." 어떤 성과를 내고 싶은지 집중해 보세요. 마음이 충분히 정리되었다면, 불을 끄고 대형을 해제하세요.

의식이 끝난 후, 봉투는 집이나 사무실 중 누군가 발견해 버리지 않을 만한 장소에 보관하세요. 서랍이나 서류함 등이 적절합니다. 3개월 후, 그 봉투를 버리고 주문을 완전히 새로 수행하세요. 단, 이번에는 더 큰 씨앗을 사용합니다(옥수수 알갱이, 사과 씨앗, 말린 완두콩 등). 또다시 3개월이 지나면, 더 큰 씨앗으로 한 번 더 주문을 수행하세요(호박씨, 해바라기씨, 수박씨 등). 이렇게 하면 1년에 걸쳐 주문 3단계가 완성됩니다.

직장을 구하는 주문

수행에 필요한 마법 도구들

주문에 필요한 도구들은 선택한 대형에 따라 아래와 같이 준비합니다.

준비물

- 나무 숟가락 또는 막대기, 아이스크림 막대, 커피 스틱 등
- 허브 4종(계피, 바질, 생강, 정향) : 용기나 봉투에 따로따로 담아 둡니다.
- 허브들을 담을 그릇 : 유리나 나무 그릇이 가장 좋지만 특별하게 느

져지는 그릇이면 다 괜찮습니다.

양초

양초는 초록색, 노란색, 주황색, 하얀색, 총 4개가 필요합니다. 정사각형 모양의 네 면에 두되 모서리에는 놓지 마세요. 노란색 초는 시전자 앞쪽이자 동쪽에 두고, 초록색 초는 북쪽, 주황색 초는 남쪽, 하얀색 초는 시전자의 뒤쪽이자 서쪽에 둡니다.

대형

모든 주문은 문 서클을 그리는 것에서 시작합니다. 문 서클은 당신을 보호하는 마법의 방패 역할을 합니다. 삼각형이나 사각형 대형을 그릴 경우에도 원을 먼저 그리고 그 안에 대형을 형성해야 합니다.

이 주문에 가장 적합한 대형은 사각형입니다. <다양한 대형 만들기> 섹션에서 소개한 방법에 따라 대형을 만드세요. 이때 사용할 수 있는 도구로는 지팡이, 칼, 지시하기 위해 쭉 뻗은 손가락, 소금, 그 밖에 개인적으로 선택한 재료 등이 있습니다.

바라보아야 할 방향

동쪽을 향할 때 가장 효과적입니다. 앞서 설명한 대로 양초들을 배치하고, 다른 도구와 강화 아이템들은 시전자가 동쪽을 바라보고 앉았을 때 앞에 오도록 정리하세요.

달의 위상

초승달 또는 상현달 시기에 수행하면 효과가 가장 좋습니다. 달이 차오르듯 기회도 점차 커지기를 바라는 마음이 담겨 있기 때문입니다.

요일

금요일을 제외한 나머지 요일은 언제든 가능합니다.

주문에 깊이를 더하는 마법 도구들

다음에 소개하는 항목들은 주문에 차원의 깊이를 더하고 스스로에게 한껏 집중할 수 있게 도와줍니다. 필수는 아니며, 도구가 없어도 주문은 작동합니다.

원석

주문에 가장 적합한 원석은 남동석(Azurite)입니다. 다른 원석을 사용하고 싶다면, 시전자 앞쪽 또는 내면이 원하는 위치에 놓으세요.

향

주문을 강화할 향은 헬리오트로프와 등나무입니다. 향은 대형 내부에 안전하게 두되, 불을 붙일 때는 대형 밖에서 수행하도록 합니다.

음악

평소 음악을 좋아하고 주문에 방해가 되지 않는다면 비트가 강렬해 선명하고 리듬감 있는 연주곡을 선택해 보세요. 당신이 편안하게 느끼는 음악이라면 무엇이든 괜찮습니다.

주문을 시작하기 전에

방해받지 않는 환경을 만드세요.

가능하다면 휴대폰은 꺼두세요.

차분한 음악을 틀어 주세요.

조명을 은은하게 낮춥니다.

주문을 시작하기 전에 손을 씻거나 샤워를 하세요.

사용할 향이 있다면 미리 피워 두세요.

필요한 모든 도구를 준비하고 가까운 곳에 놓아두세요.

대형을 그리세요.

더 높은 힘에게 이 정보가 당신을 통해 흐르도록 허락해 달라고 요청하세요.

확언

주문을 시작하기 전에, 대형 안에서 낭독하세요.

변화를 요청합니다. 나에게 이로운 기회를 놓치지 않도록 선명한 시야를 제공해 주세요. 성공은 능력만으로 이루어지지 않는다는 것을 압니다. 결단력이 바로 나의 힘입니다.

나는 직관에 귀 기울이며 그것을 따를 것입니다. 방식이 통하지 않는다면, 그 '메시지'를 이해하고 새로운 접근법을 시도할 것입니다. 지금 이 순간, 내게 필요한 힘을 추가로 불러옵니다.

우주적 생명력의 힘과 함께 나는 주도권을 찾을 것입니다. 다음 초승달이 시작될 무렵, 나의 새로운 직업에 감사하고 있기를 바랍니다. 그리고 그대로 이루어지리라.

주문 수행 방법

대형을 만든 후, 긴장을 풀고 마음을 가다듬으세요. 촛불은 왼쪽에서 오른쪽 순서로 하나씩 켭니다. 준비한 허브들을 하나씩 그릇에 담습니다(순서는 상관없습니다). 나무 숟가락이나 휘젓개로 허브들을 잘 섞은 뒤 옆에 둡니다. 이제 아래의 주문을 낭송하세요.

> 지금 이 순간 나는 변화를 일으킨다.
> 내 삶을 더 좋게 정돈하리라.
> 행운과 멋진 운명은 나의 것,
> 어서 내게 오라, 지금이 그때이다.

야외에서 주문을 수행했다면 일어서서 앞쪽 허공에 허브 혼합물을 던지세요. 실내에서 진행했다면, 먼저 촛불을 끄고 대형을 해제합니다. 20분 이내에 밖으로 나가 허브 혼합물을 허공에 던지세요. 만약 창문이 있다면 그 자리에서 밖을 향해 뿌려도 괜찮습니다. 혼합물을 던진 후 이렇게 말합니다.

"나의 부름은 공기로 퍼져 나갔고, 이로써 끝났노라."

마음속으로 의식이 끝났음을 의미하는 문장을 말하며 주문을 마무리합니다. "그리고 그대로 이루어지리라.", "축복이 있으라.", "아멘."

실직을 받아들이는 주문

수행에 필요한 마법 도구들

주문에 필요한 도구들은 선택한 대형에 따라 아래와 같이 준비합니다.

준비물

- 예전 직장이나 직책을 상징하는 물건 중 불에 타는 것(명함, 회사

편지지, 또는 종이로 만들어진 것들) : 전화번호부에서 사업 광고를 찢어와도 됩니다. 만약 아무것도 없다면, 종이에 회사 이름이나 직책을 적으세요.

- 종이를 태울 화로
- 성냥이나 라이터

양초

양초는 검은색, 은색 또는 회색, 하얀색으로 총 3개가 필요합니다. 양초는 대형 안에서 삼각형 모양으로 배치합니다. 검은색 양초는 왼쪽 아래, 은색 또는 회색 양초는 오른쪽 아래에 둡니다. 하얀색 양초는 시전자 앞쪽에 둡니다.

대형

모든 주문은 문 서클을 그리는 것에서 시작합니다. 문 서클은 당신을 보호하는 마법의 방패 역할을 합니다. 삼각형이나 사각형 대형을 그릴 경우에도 원을 먼저 그리고 그 안에 대형을 형성해야 합니다.

이 주문에 가장 적합한 대형은 원입니다. <다양한 대형 만들기> 섹션에서 소개한 방법에 따라 대형을 만드세요. 이때 사용할 수 있는 도구로는 지팡이, 칼, 지시하기 위해 쭉 뻗은 손가락, 소금, 그 밖에 개인적으로 선택한 재료 등이 있습니다.

바라보아야 할 방향

서쪽을 향할 때 가장 효과적입니다. 앞서 설명한 대로 양초를 배치하고, 다른 도구와 강화 아이템들은 시전자가 서쪽을 바라보고 앉았을 때 앞에 위치하도록 놓아둡니다.

달의 위상

하현달이나 그믐달 시기에 수행하는 것이 가장 효과적입니다.

요일

주문을 수행하기에 가장 좋은 요일은 화요일, 수요일, 목요일, 토요일입니다.

주문에 깊이를 더하는 마법 도구들

다음에 소개하는 항목들은 주문에 차원의 깊이를 더하고 스스로에게 한껏 집중할 수 있게 도와줍니다. 필수는 아니며, 도구가 없어도 주문은 작동합니다.

원석

주문에 가장 적합한 원석은 은(Silver)입니다. 만약 다른 원석을 사용하고 싶다면, 그것을 시전자 앞쪽 또는 내면이 원하는 위치에 놓으세요.

향

주문을 강화할 향으로는 세이지가 있습니다. 향은 대형 내부에 안전하게 두되, 불을 붙일 때는 대형 밖에서 수행하도록 합니다.

음악

평소 음악을 좋아하고 주문에 방해가 되지 않는다면 클래식, 뉴에이지 또는 자연의 소리 같은 음악을 선택해 보세요. 당신이 편안하게 느끼는 음악이라면 무엇이든 괜찮습니다.

주문을 시작하기 전에

방해받지 않는 환경을 만드세요.

가능하다면 휴대폰은 꺼두세요.

차분한 음악을 틀어 주세요.

조명을 은은하게 낮춥니다.

주문을 시작하기 전에 손을 씻거나 샤워를 하세요.

사용할 향이 있다면 미리 피워 두세요.

필요한 모든 도구를 준비하고 가까운 곳에 놓아두세요.

대형을 그리세요.

더 높은 힘에게 이 정보가 당신을 통해 흐르도록 허락해 달라고 요청하세요.

확언

주문을 시작하기 전에, 대형 안에서 낭독하세요.

내 자리는 사라졌지만, 좋은 일이 일어나고 있음을 알고 있습니다. 나는 이 상황을 분석하고 놓아 줄 것입니다. 새롭게 시작하고 성장하는 계기로 받아들입니다.

나는 더 이상 부정적인 면에 집착하지 않겠습니다. 그것은 이제 과거의 일부일 뿐입니다. 내 에너지는 내가 선택한 새로운 분야에서 성공적인 미래를 위해 쓰일 것입니다.

나는 피해자처럼 행동하거나 스스로를 불쌍히 여기지 않겠습니다. 동정을 얻기 위해 다른 이들에게 불평하지도 않겠습니다. 나는 선

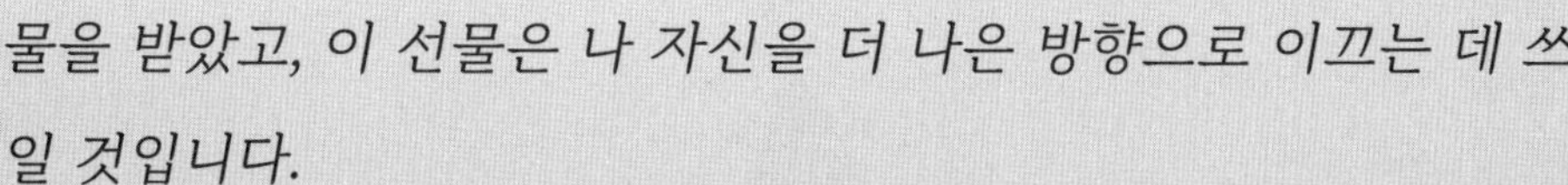

물을 받았고, 이 선물은 나 자신을 더 나은 방향으로 이끄는 데 쓰일 것입니다.

나는 기쁨과 열정으로 새로운 기회가 열릴 모든 가능성을 주의 깊게 살필 것입니다. 감사한 마음으로, 성공과 행복의 진동이 나를 감싸기를 바랍니다. 그리고 그대로 이루어지리라.

주문 수행 방법

대형을 만든 후, 촛불을 왼쪽에서 오른쪽 순서로 켭니다. 원석을 사용할 경우, 내면이 이끄는 위치에 배치하세요. 이제, 이전 직업이나 직책을 상징하는 물건을 화로에 태웁니다.

그런 다음 아래의 주문을 낭송하세요.

이 일자리를 놓아 주겠습니다.
그것은 제 역할을 다했습니다.
이제 새로운 시작입니다.
재로부터 새롭게 태어날지니,
다음 보름달을 기다립니다.

마음속으로 의식이 끝났음을 의미하는 문장을 말하며 주문을 마무리합니다. "그리고 그대로 이루어지리라.", "축복이 있으라.", "아멘." 이제, 촛불을 끄고 대형을 해제하세요.

승진, 급여 인상을 위한 주문

수행에 필요한 마법 도구들

주문에 필요한 도구들은 선택한 대형에 따라 아래와 같이 준비합니다.

준비물

- 10센트(100원짜리) 동전 9개

양초

노란색, 초록색, 하얀색 양초가 각각 하나씩 필요합니다. 시전자 앞에 일렬로 놓되, 왼쪽에는 노란색, 가운데에는 초록색, 오른쪽에는 하얀색 양초를 배치하세요.

대형

모든 주문은 문 서클을 그리는 것에서 시작합니다. 문 서클은 당신을 보호하는 마법의 방패 역할을 합니다. 삼각형이나 사각형 대형을 그릴 경우에도 원을 먼저 그리고 그 안에 대형을 형성해야 합니다.

이 주문에 가장 적합한 대형은 사각형입니다. <다양한 대형 만들기> 섹션에서 소개한 방법에 따라 대형을 만드세요. 이때 사용할 수 있는 도구로는 지팡이, 칼, 지시하기 위해 쭉 뻗은 손가락, 소금, 그 밖에 개인적으로 선택한 재료 등이 있습니다.

바라보아야 할 방향

동쪽을 향할 때 가장 효과적입니다. 앞서 설명한 방식대로 양초를 배치하고 다른 도구나 강화 아이템들은 시전자가 동쪽을 바라보고 앉았을 때 앞에 오도록 놓아두세요.

달의 위상

상현달 시기에 수행할 때 가장 효과가 좋습니다. 달이 차오르듯 가능성 또한 끌어올려지기를 바라는 마음을 담기 때문입니다.

요일

주문을 실행하기에 가장 좋은 요일은 금요일을 제외한 모든 요일입니다.

주문에 깊이를 더하는 마법 도구들

다음에 소개하는 항목들은 주문에 차원의 깊이를 더하고 스스로에게 한껏 집중할 수 있게 도와줍니다. 필수는 아니며, 도구가 없어도 주문은 작동합니다.

원석

주문에 가장 적합한 원석은 크리솔라이트와 혈석(Bloodstone)입니다.

향

주문을 강화할 향으로는 가문비나무가 있습니다. 향은 대형 내부에 안전하게 두되, 불을 붙일 때는 대형 밖에서 수행하도록 합니다.

음악

평소 음악을 좋아하고 주문에 방해가 되지 않는다면 플루트, 하프, 드럼이 어우러진 고양감 있는 음악을 선택해 보세요. 당신이 편안하게 느끼는 음악이라면 무엇이든 괜찮습니다.

주문을 시작하기 전에

방해받지 않는 환경을 만드세요.

가능하다면 휴대폰은 꺼두세요.

차분한 음악을 틀어 주세요.

조명을 은은하게 낮춥니다.

주문을 시작하기 전에 손을 씻거나 샤워를 하세요.

사용할 향이 있다면 미리 피워 두세요.

필요한 모든 도구를 준비하고 가까운 곳에 놓아두세요.

대형을 그리세요.

더 높은 힘에게 이 정보가 당신을 통해 흐르도록 허락해 달라고 요청하세요.

확언

주문을 시작하기 전에, 대형 안에서 낭독하세요.

오늘 나는 달의 영광스러운 진동을 통해, 우주에 도움을 요청하는 바람을 보냅니다. 나의 노력과 인내가 인정받기를 바랍니다. 나는 탐욕이 아닌 공정한 에너지 교환을 믿습니다. 나는 내가 받아야 하는 것보다 더 많은 에너지를 쓰고 있습니다. 공정의 저울을 9일 이내에 바로잡아 주십시오.

만약 예상치 못한 결과를 마주한다면, 나는 내 상황을 다시 생각하

고 다른 각도에서 접근하겠습니다. 나는 달 에너지가 나의 요구를 감싸며, 이 요청을 받아들이는 것을 느낍니다. 나는 우주의 자식이며, 나를 돌봐 줄 것을 압니다. 그리고 그대로 이루어지리라.

주문 수행 방법

초록색을 제외한 나머지 양초에 불을 붙입니다. 초록색 초 주위에 10센트(100원)짜리 동전 9개를 둥글게 배치합니다. 모든 동전이 제자리에 놓이면 초록색 양초에도 불을 붙입니다. 이제 다음의 주문을 낭송하세요.

그렇게 되리라, 셋이 세 번 되풀이되니,

나의 자산도 늘어날지니.

너무 적지도, 너무 늦지도 않게,

아홉 날 안에 이 운명을 알게 하소서.

마음속으로 의식이 끝났음을 의미하는 문장을 말하며 주문을 마무리합니다. "그리고 그대로 이루어지리라.", "축복이 있으라.", "아멘." 이제, 촛불을 끄고 대형을 해제하세요. 이후 9일 동안 직장에서 일어나는 일들에 주의를 기울이세요.

15

여성을 위한 주문

당신은 신비의 세계를 돌아다니며 흡수하고, 미소 짓고, 확신에 차 있었습니다. 휘젓고, 맛보고, 계량하는 일에 의식처럼 정밀하게 임하셨지요.

— 진 스타 운터마이어(Jean Starr Untermeyer, 시인, 작가)

　　여성은 때때로 다른 여성만 이해할 수 있을 것 같은 문제나 감정을 가지고 있습니다. 일반적으로, 여성은 남성보다 감정을 더 잘 표출하는 경향이 있습니다. 또한 여성은 생각과 감정을 더 깊이 되새기기 때문에, 긍정적이든 부정적이든 남성보다 빠르게 결과를 낼 수 있다고 생각합니다.

　　따라서 여성으로서 반드시 기억해야 할 점은 자신을 비난하고 싶거나 인생의 어떤 영역에서 실패자라고 느낀다면, 그러한 생각이 실제로 실현되는 자기충족적 예언이 될 수 있다는 것입니다. 반드시 경계해야 할 일입니다. 주문 의식은 혼란스러운 에너지를 균형 잡아 집중하도록 돕고, 의식적·무의식적인 마음이 동일한 메시지를 받아들이도록 열어주는 역할을 합니다.

임신을 기원하는 주문

수행에 필요한 마법 도구들

주문에 필요한 도구들은 선택한 대형에 따라 아래와 같이 준비합니다.

준비물

- 양귀비(Poppy), 세이지, 에키네이셔(Echinacea) : 용기나 봉투에 따로따로 담습니다.
- 끈이 달린 주머니
- 유니콘 조각상이나 그림, 상징물 : 유니콘은 생식력을 상징합니다.

양초

노란색, 빨간색, 분홍색 양초가 각각 1개씩 필요합니다. 시전자 앞쪽에 한 줄로 나란히 놓되, 왼쪽에 노란색, 가운데에 빨간색, 오른쪽에 분홍색 양초를 배치하세요.

대형

모든 주문은 문 서클을 그리는 것에서 시작합니다. 문 서클은 당신을 보호하는 마법의 방패 역할을 합니다. 삼각형이나 사각형 대형을 그릴 경우에도 원을 먼저 그리고 그 안에 대형을 형성해야 합니다.

이 주문에 가장 적합한 대형은 원입니다. <다양한 대형 만들기> 섹션에서 소개한 방법에 따라 대형을 만드세요. 이때 사용할 수 있는 도구로는 지팡이, 칼, 지시하기 위해 쭉 뻗은 손가락, 소금, 그 밖에 개인적으로 선택한 재료 등이 있습니다.

바라보아야 할 방향

서쪽을 향할 때 가장 효과적입니다. 앞서 언급한 대로 양초를 배치하고, 다른 도구와 강화 아이템들은 시전자가 서쪽을 바라보고 앉았을 때 앞에 있도록 놓아두세요.

달의 위상

보름달 또는 상현달 시기에 수행할 때 효과가 가장 좋습니다. 달이 차오르듯 생식력도 증가하기를 바라는 마음이 담기기 때문입니다.

요일

주문을 행하기에 가장 좋은 요일은 수요일을 제외한 모든 요일입니다.

주문에 깊이를 더하는 마법 도구들

다음에 소개하는 항목들은 주문에 차원의 깊이를 더하고 스스로에게 한껏 집중할 수 있게 도와줍니다. 필수는 아니며, 도구가 없어도 주문은 작동합니다.

원석

주문에 가장 적합한 원석은 장미 수정과 터키석입니다. 만약 다른 원석을 사용하고 싶다면, 그것을 시전자 앞에 두세요.

향

주문을 강화할 향으로는 히아신스, 몰약, 소나무가 있습니다. 향은 대형 내부에 안전하게 두되, 불을 붙일 때는 대형 밖에서 수행합니다.

음악

평소 음악을 좋아하고 주문에 방해가 되지 않는다면 차분하고 명상적이며 안정감을 주는 저주파의 연주곡을 선택해 보세요. 당신이 편안하게 느끼는 음악이라면 무엇이든 괜찮습니다.

주문을 시작하기 전에

방해받지 않는 환경을 만드세요.

가능하다면 휴대폰은 꺼두세요.

차분한 음악을 틀어 주세요.

조명을 은은하게 낮춥니다.

주문을 시작하기 전에 손을 씻거나 샤워를 하세요.

사용할 향이 있다면 미리 피워 두세요.

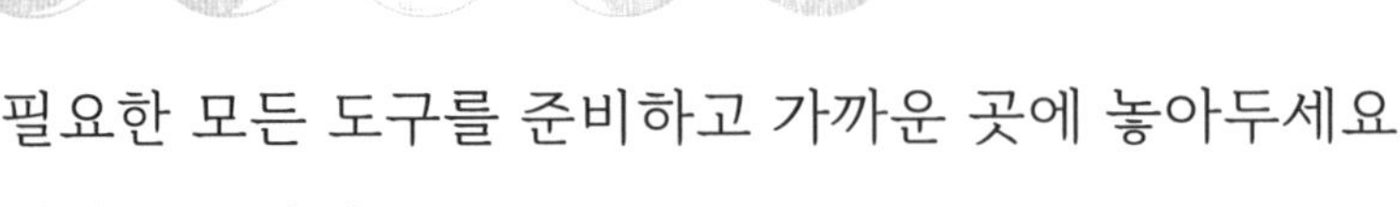

필요한 모든 도구를 준비하고 가까운 곳에 놓아두세요.

대형을 그리세요.

더 높은 힘에게 이 정보가 당신을 통해 흐르도록 허락해 달라고 요청하세요.

확언

주문을 시작하기 전에, 대형 안에서 낭독하세요.

> 원의 중심에 앉아서, 내 삶에 아이가 찾아오는 축복을 내려 주시길 요청합니다. 나의 사랑이 뻗어 나가 아직 태어나지 않은 아이를 감싸 안고 싶습니다.
>
> 나는 이 아이가 주변의 무조건적인 사랑 속에서 건강하고 행복하리라는 것을 압니다. 제가 그렇게 할 테니까요.
>
> 이 대형의 에너지가 나에게 힘과 건강을 줄 테니, 아이가 세상 밖으로 나올 때까지 잘 품을 수 있을 것입니다. 그리고 그대로 이루어지리라.

주문 수행 방법

대형 안에 앉은 상태에서, 허브 3가지(양귀비, 세이지, 에키네이셔)를 끈 달린 주머니에 하나씩(순서는 상관없이) 넣습니다.

주머니를 배에 잠시 대고, 자신이 임신한 모습을 시각화하세요. 단, 아이의 성별은 시각화하지 않습니다.

주머니를 유니콘 상징물 앞에 내려놓고, 다음 주문을 낭송합니다.

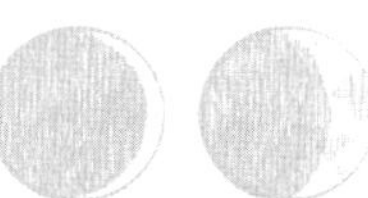

> 이 찬란한 달빛 아래 생명이 자랄지니,
> 새 생명이 가까이에 있음을 나는 안다네.
> 행복과 건강, 수많은 축복과 함께,
> 나는 이 아이를 두 팔에 품으리라.

마음속으로 의식이 끝났음을 의미하는 문장을 말하며 주문을 마무리합니다. "그리고 그대로 이루어지리라.", "축복이 있으라.", "아멘." 이제, 촛불을 끄고 대형을 해제하세요.

★ 참고 사항 : 의식을 마친 후 9일 동안, 잠을 자기 전 하루에 한 번씩 다음 동작을 수행하세요. 누운 채로 주머니를 배에 얹고, 자신이 임신한 모습을 시각화해 봅니다. 임신이 되면, 아이가 태어날 때까지 그 주머니를 간직하세요.

순산을 기원하는 주문

수행에 필요한 마법 도구들

주문에 필요한 도구들은 선택한 대형에 따라 아래와 같이 준비합니다.

준비물

- 정령수

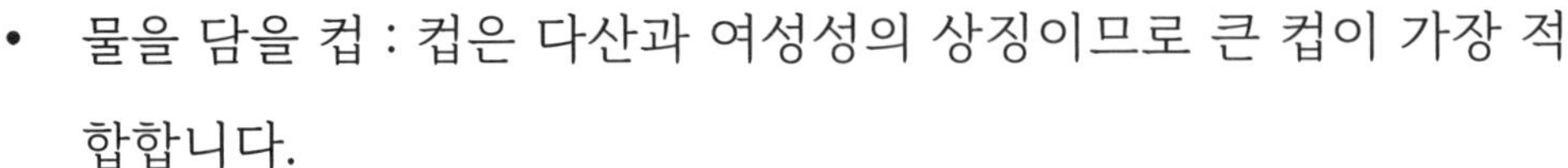

- 물을 담을 컵 : 컵은 다산과 여성성의 상징이므로 큰 컵이 가장 적합합니다.

양초

파란색, 분홍색, 주황색 양초가 필요합니다. 시전자 앞쪽에 일렬로 놓되, 왼쪽에는 파란색, 가운데에는 분홍색, 오른쪽에는 주황색 양초를 배치하세요.

대형

모든 주문은 문 서클을 그리는 것에서 시작합니다. 문 서클은 당신을 보호하는 마법의 방패 역할을 합니다. 삼각형이나 사각형 대형을 그릴 경우에도 원을 먼저 그리고 그 안에 대형을 형성해야 합니다.

이 주문에 가장 적합한 대형은 원입니다. <다양한 대형 만들기> 섹션에서 소개한 방법에 따라 대형을 만드세요. 이때 사용할 수 있는 도구로는 지팡이, 칼, 지시하기 위해 쭉 뻗은 손가락, 소금, 그 밖에 개인적으로 선택한 재료 등이 있습니다.

바라보아야 할 방향

남쪽을 향할 때 가장 효과적입니다. 앞선 방법에 따라 양초를 배치하고, 다른 도구나 강화 아이템들은 시전자가 남쪽을 바라보고 앉았을 때 앞쪽에 있도록 놓아둡니다.

달의 위상

보름달, 초승달, 상현달 시기에 수행할 때 가장 효과적입니다. 달이 차오르듯 일이 좋게 풀릴 가능성이 커지길 바라는 마음을 담기 때문입니다.

요일

요일에 상관없이 언제든 수행할 수 있습니다.

주문에 깊이를 더하는 마법 도구들

다음에 소개하는 항목들은 주문에 차원의 깊이를 더하고 스스로에게 한껏 집중할 수 있게 도와줍니다. 필수는 아니며, 도구가 없어도 주문은 작동합니다.

원석

주문에 가장 적합한 원석은 장미 수정, 터키석, 투명한 수정입니다. 만약 다른 원석을 사용하고 싶다면, 그것을 시전자 앞에 두세요.

향

주문을 강화할 향으로는 장미와 오렌지가 있습니다. 향은 대형 내부에 안전하게 두되, 불을 붙일 때는 대형 밖에서 수행하도록 합니다.

음악

평소 음악을 좋아하고 주문에 방해가 되지 않는다면 자장가처럼 치유에 도움이 되는, 평화롭고 고요하며 차분한 연주곡을 선택해 보세요. 당신이 편안하게 느끼는 음악이라면 무엇이든 괜찮습니다.

주문을 시작하기 전에

방해받지 않는 환경을 만드세요.

가능하다면 휴대폰은 꺼두세요.

차분한 음악을 틀어 주세요.

조명을 은은하게 낮춥니다.

주문을 시작하기 전에 손을 씻거나 샤워를 하세요.

사용할 향이 있다면 미리 피워 두세요.

필요한 모든 도구를 준비하고 가까운 곳에 놓아두세요.

대형을 그리세요.

더 높은 힘에게 이 정보가 당신을 통해 흐르도록 허락해 달라고 요청하세요.

확언

주문을 시작하기 전에, 대형 안에서 낭독하세요.

> 나는 이 신성한 마음의 사랑을 느낍니다. 아직 태어나지 않은 아이를 향한 나의 선한 생각과 긍정적인 바람은 깊숙이 스며들 것입니다.
>
> 아기는 나의 헌신을 느낄 것이며, 더 높은 힘은 이 새로운 영혼이 세상에 무사히 태어날 수 있도록 보호하고 인도해 줄 것입니다. 그리고 그대로 이루어지리라.

주문 수행 방법

대형 안에 앉아서 정령수에 손을 담그세요. 맨살의 배에 물을 살짝 적시며, 다음의 주문을 낭송합니다.

> 이곳의 모든 정령과 함께,
> 너의 영혼은 시간과 공간을 넘어 도착하네.
> 너는 이곳에 왔음을 기뻐하노니, 강하고 새로워졌구나.
> 이 말을 내가 선언했으니, 이제 진실이 되었노라.

마음속으로 의식이 끝났음을 의미하는 문장을 말하며 주문을 마무리합니다. "그리고 그대로 이루어지리라.", "축복이 있으라.", "아멘." 이제, 촛불을 끄고 대형을 해제하세요.

사용한 정령수는 식물이나 야외에 뿌려 주세요. 싱크대에 부을 수밖에 없다면, 배수구 위로 손이 지나가게 하며 이렇게 말하세요. "땅으로 되돌아가라."

(오직 여성을 위한) 사랑 주문

수행에 필요한 마법 도구들

주문에 필요한 도구들은 선택한 대형에 따라 아래와 같이 준비합니다.

준비물

- 당신이 가장 좋아하는 꽃을 담은 접시나 장식 : 생화가 가장 좋지만, 깨끗한 상태의 조화도 괜찮습니다. 꽃 장식은 시전자 앞에 두세요.

양초

분홍색 양초 하나를 앞에 둡니다.

대형

모든 주문은 문 서클을 그리는 것에서 시작합니다. 문 서클은 당신을 보호하는 마법의 방패 역할을 합니다. 삼각형이나 사각형 대형을 그릴 경

우에도 원을 먼저 그리고 그 안에 대형을 형성해야 합니다.

이 주문에 가장 적합한 대형은 원입니다. <다양한 대형 만들기> 섹션에서 소개한 방법에 따라 대형을 만드세요. 이때 사용할 수 있는 도구로는 지팡이, 칼, 지시하기 위해 쭉 뻗은 손가락, 소금, 그 밖에 개인적으로 선택한 재료 등이 있습니다.

바라보아야 할 방향

남쪽을 향할 때 가장 효과적입니다. 앞서 설명한 대로 양초를 두고, 다른 도구나 강화 아이템들은 시전자가 남쪽을 바라보고 앉았을 때 앞에 있도록 배치하세요.

달의 위상

보름달, 초승달, 상현달 시기에 수행할 때 가장 효과적입니다. 달이 차오르듯 좋은 일이 일어날 가능성을 끌어올리고자 하는 마음이 담기기 때문입니다.

요일

주문을 시행하기에 가장 좋은 요일은 일요일, 화요일, 금요일, 토요일입니다.

주문에 깊이를 더하는 마법 도구들

다음에 소개하는 항목들은 주문에 차원의 깊이를 더하고 스스로에게 한껏 집중할 수 있게 도와줍니다. 필수는 아니며, 도구가 없어도 주문은 작동합니다.

원석

주문에 가장 적합한 원석은 장미 수정, 홍옥수, 투명한 수정입니다. 만약 다른 원석을 사용하고 싶다면, 그것을 시전자 앞에 두세요.

향

주문을 강화할 향으로는 머스크, 몰약, 장미, 소나무가 좋습니다. 향은 대형 내부에 안전하게 두되, 불을 붙일 때는 대형 밖에서 수행하도록 합니다.

음악

평소 음악을 좋아하고 주문에 방해가 되지 않는다면 느리고 명상적이며 평화로운 분위기의 연주곡을 선택해 보세요. 당신이 편안하게 느끼는 음악이라면 무엇이든 괜찮습니다.

주문을 시작하기 전에

방해받지 않는 환경을 만드세요.

가능하다면 휴대폰은 꺼두세요.

차분한 음악을 틀어 주세요.

조명을 은은하게 낮춥니다.

주문을 시작하기 전에 손을 씻거나 샤워를 하세요.

사용할 향이 있다면 미리 피워 두세요.

필요한 모든 도구를 준비하고 가까운 곳에 놓아두세요.

대형을 그리세요.

더 높은 힘에게 이 정보가 당신을 통해 흐르도록 허락해 달라고 요청하세요.

확언

주문을 시작하기 전에, 대형 안에서 낭독하세요.

내 삶의 사랑을 생각하면 나는 에너지로 가득 찹니다. 나는 사랑을 받을 뿐 아니라 다른 이와 나눕니다. 내 안으로 더 많은 사랑의 진동이 들어오는 것을 환영하며, 더 많은 사랑을 세상에 전하길 기대합니다. 혼자일 때도, 나를 지지하는 사람들과 함께일 때도 나는 언제나 사랑받고 있으며, 사랑할 수 있는 존재입니다.

나는 꽃과 나무와 모든 자연을 사랑합니다. 나는 나를 조건 없이 사랑하는 더 높은 힘을 사랑합니다. 나는 내가 귀를 기울일 때 나를 좋은 곳으로 이끄는 여성적인 직관력을 사랑합니다. 세상을 떠난 이들도 나를 사랑하며, 여전히 나를 인도하고 도와줍니다. 사랑은 나를 약하게 만드는 모든 것에 대한 해독제입니다. 그리고 그대로 이루어지리라.

주문 수행 방법

다음 주문을 낭송하세요.

치유의 흐름처럼 사랑이 흘러가길,

사랑과 함께 지혜와 깨달음이 오네.

매일, 매시간,

나는 여성적인 힘의 에너지를 끌어당기네.

마음속으로 의식이 끝났음을 의미하는 문장을 말하며 주문을 마무리합니다. "그리고 그대로 이루어지리라.", "축복이 있으라.", "아멘." 이제, 촛불을 끄고 대형을 해제하세요.

·16·
남성을 위한 주문

건전한 정신과 몸을 유지하는 가장 좋은 처방은 온전히 선한 사람이
되는 것입니다.

— 프랜시스 보웬(Francis Bowen)

여성들을 위한 지지 단체나 함께 하는 움직임은 많지만, 남성들을 위한 공간은 상대적으로 적습니다. 여성인 저로서도 인정할 수밖에 없는 사실은 전통적으로 남성은 모두에게 많은 것을 해줄 수 있는 존재가 되어야 하고, 강해야 하며 감정을 드러내지 않아야 한다는 기대를 받는다는 점입니다.

때로는 여성보다 선택권이 적기도 합니다. 예를 들어, 여성은 자신이 어머니가 될지를 법적으로 결정할 수 있는 권리를 가지고 있습니다. 여성이 아이를 갖기로 결정하면, 남성은 그 의사와 무관하게 '기술적으로' 아버지가 되는 것입니다.

이 주제는 논란의 여지가 많지만, 최근에 흥미로운 관점을 하나 접했습니다. 어떤 이들은 여성의 임신 중단과, 남성이 원하지 않는 아이의 아버지가 되는 것에서 물러서는 행동 사이에 본질적인 차이가 없다고 말하기도 합니다.

그럼에도 불구하고, 이 책에 실린 주문들은 아버지가 되기를 간절히 원하고, 그 역할을 중요하게 여기는 남성들을 위한 것입니다. 그들이 전적으로 함께하든, 때때로만 함께하든 말이죠. 저는 어느 쪽 관점도 판단하지 않으며, 양쪽의 관점 모두 이해합니다. 사랑을 위한 주문은 모든 남성이 한 번쯤 고려해 볼 만한 것입니다. 이 주문은 감정적인 깨어남을 유도하며, 축복과 조화를 가져다줍니다.

부성애를 위한 주문

수행에 필요한 마법 도구들

주문에 필요한 도구들은 선택한 대형에 따라 아래와 같이 준비합니다.

양초

이 주문에는 분홍색 양초가 하나 필요하며, 시전자 앞쪽에 두도록 합니다.

대형

모든 주문은 문 서클을 그리는 것에서 시작합니다. 문 서클은 당신을 보호하는 마법의 방패 역할을 합니다. 삼각형이나 사각형 대형을 그릴 경우에도 원을 먼저 그리고 그 안에 대형을 형성해야 합니다.

이 주문에 가장 적합한 대형은 원입니다. <다양한 대형 만들기> 섹션에서 소개한 방법에 따라 대형을 만드세요. 이때 사용할 수 있는 도구로는 지팡이, 칼, 지시하기 위해 쭉 뻗은 손가락, 소금, 그 밖에 개인적으로 선택한 재료 등이 있습니다.

바라보아야 할 방향

남쪽을 향해 앉았을 때 가장 효과적입니다. 앞서 설명한 대로 양초를 배치하고 다른 도구나 강화 아이템들은 시전자가 남쪽을 바라보고 앉았을 때 앞에 오도록 놓아두세요.

달의 위상

보름달, 초승달, 상현달 시기에 수행할 때 효과가 가장 좋습니다. 달이 차오르듯 좋은 일이 일어날 가능성도 증가하길 바라는 마음을 담기 때문입니다.

요일

주문을 수행하기 가장 적합한 요일은 일요일, 화요일, 금요일, 토요일입니다.

주문에 깊이를 더하는 마법 도구들

다음에 소개하는 항목들은 주문에 차원의 깊이를 더하고 스스로에게 한껏 집중할 수 있게 도와줍니다. 필수는 아니며, 도구가 없어도 주문은 작동합니다.

원석

주문에 가장 적합한 원석은 장미 수정과 홍옥수입니다. 만약 다른 원석을 사용하고 싶다면, 그것을 시전자 앞에 두세요.

향

주문을 강화할 향으로는 로즈메리와 라일락이 좋습니다. 향은 대형 내부에 안전하게 두되, 불을 붙일 때는 대형 밖에서 수행하도록 합니다.

음악

평소 음악을 좋아하고 주문에 방해가 되지 않는다면 대나무 피리나 팬 파이프(Panpipes) 같은 악기를 사용한 연주곡을 선택해 보세요. 당신이 편안하게 느끼는 음악이라면 무엇이든 괜찮습니다.

주문을 시작하기 전에

방해받지 않는 환경을 만드세요.

가능하다면 휴대폰은 꺼두세요.

차분한 음악을 틀어 주세요.

조명을 은은하게 낮춥니다.

주문을 시작하기 전에 손을 씻거나 샤워를 하세요.

사용할 향이 있다면 미리 피워 두세요.

필요한 모든 도구를 준비하고 가까운 곳에 놓아두세요.

대형을 그리세요.

더 높은 힘에게 이 정보가 당신을 통해 흐르도록 허락해 달라고 요청하세요.

확언

주문을 시작하기 전에, 대형 안에서 낭독하세요.

아버지로서, 내 아이(들)가 버림받았다는 기분을 느끼지 않도록 시간과 관심을 쏟는 일이 가장 중요한 책임임을 잊지 않게 하소서. 때로는 도전일지라도, 아이들은 경험의 총체이며 나와 함께한 경험이 사랑과 공감으로 채워지길 바랍니다.

아이들의 자유로운 표현을 지지하면서 그들이 자존감을 키울 수 있도록 하겠습니다. 내가 바라는 모습이 아니라, 있는 그대로의 아이들을 사랑하며 작은 성취도 인정할 것입니다. 더 많이 시간을 보내고 지지해 줄 것입니다. 그 무엇도 대체할 수 없을 것입니다. 그리

고 그대로 이루어지리라.

주문 수행 방법

다음 주문을 낭송하세요.

나는 아버지, 그러합니다.
이해와 사랑이 내 안에서 피어나네.
우주의 힘이 자녀들에게 드러나게 하소서.
내가 지닌 사랑이 내가 느끼는 대로 나아가기를.

눈을 감고 당신의 자녀가 건강하고 행복하게 웃고 있는 모습을 시각화하세요.

마음속으로 의식이 끝났음을 의미하는 문장을 말하며 주문을 마무리합니다. "그리고 그대로 이루어지리라.", "축복이 있으라.", "아멘." 이제, 촛불을 끄고 대형을 해제하세요.

(오직 남성을 위한) 사랑 주문

수행에 필요한 마법 도구들

주문에 필요한 도구들은 선택한 대형에 따라 아래와 같이 준비합니다.

양초

분홍색 양초 하나를 시전자 앞에 둡니다.

대형

모든 주문은 문 서클을 그리는 것에서 시작합니다. 문 서클은 당신을 보호하는 마법의 방패 역할을 합니다. 삼각형이나 사각형 대형을 그릴 경우에도 원을 먼저 그리고 그 안에 대형을 형성해야 합니다.

이 주문에 가장 적합한 대형은 원입니다. <다양한 대형 만들기> 섹션에서 소개한 방법에 따라 대형을 만드세요. 이때 사용할 수 있는 도구로는 지팡이, 칼, 지시하기 위해 쭉 뻗은 손가락, 소금, 그 밖에 개인적으로 선택한 재료 등이 있습니다.

바라보아야 할 방향

남쪽을 향해 앉았을 때 가장 효과적입니다. 앞서 설명한 대로 양초를 배치하고 다른 도구나 강화 아이템들은 시전자가 남쪽을 바라보고 앉았을 때 앞에 오도록 놓아두세요.

달의 위상

보름달, 초승달, 상현달 시기에 수행하면 가장 효과적입니다. 달이 차오르듯 좋은 일이 일어날 가능성도 늘어났으면 하는 마음을 담기 때문입니다.

요일

일요일, 화요일, 금요일, 토요일이 주문을 수행하기 좋은 요일입니다.

주문에 깊이를 더하는 마법 도구들

다음에 소개하는 항목들은 주문에 차원의 깊이를 더하고 스스로에게

한껏 집중할 수 있게 도와줍니다. 필수는 아니며, 도구가 없어도 주문은 작동합니다.

원석

주문에 가장 적합한 원석은 장미 수정, 홍옥수, 투명한 수정입니다. 만약 다른 원석을 사용하고 싶다면, 그것을 시전자 앞에 두세요.

향

주문을 강화할 향으로는 로즈메리, 라일락이 있습니다. 향은 대형 내부에 안전하게 두되, 불을 붙일 때는 대형 밖에서 수행하도록 합니다.

음악

평소 음악을 좋아하고 주문에 방해가 되지 않는다면 팬파이프나 대나무 피리 소리가 담긴 로맨틱한 연주곡을 선택해 보세요. 당신이 편안하게 느끼는 음악이라면 무엇이든 괜찮습니다.

주문을 시작하기 전에

방해받지 않는 환경을 만드세요.

가능하다면 휴대폰은 꺼두세요.

차분한 음악을 틀어 주세요.

조명을 은은하게 낮춥니다.

주문을 시작하기 전에 손을 씻거나 샤워를 하세요.

사용할 향이 있다면 미리 피워 두세요.

필요한 모든 도구를 준비하고 가까운 곳에 놓아두세요.

대형을 그리세요.

더 높은 힘에게 이 정보가 당신을 통해 흐르도록 허락해 달라고 요청하세요.

확언

주문을 시작하기 전에, 대형 안에서 낭독하세요.

다른 사람에게 사랑을 베풀수록, 나에게 다시 돌아올 것임을 압니다. 하지만 나는 받기 위해서가 아니라, 나 자신과 시간을 내어주는 기쁨을 위해 사랑을 줍니다.

나는 타인의 긍정적인 면과 부정적인 면을 모두 받아들일 준비가 되어 있습니다. 내가 누군가를 사랑하거나, 누가 나를 사랑하는지에 대해 걱정하는 것은 아무런 도움이 되지 않으며 오히려 나를 무력하게 만듭니다.

그러므로 나는 그들에게 사랑 가득한 생각과 강력한 축복을 보냅니다. 즉시 그들에게 닿을 것임을 압니다. 슬프거나 애도할 때, 나는 눈물 흘리는 것을 부끄러워하지 않습니다. 이는 모든 인간의 해소 방식입니다.

사랑이 없다면 이런 감정도 갖지 못할 것입니다. 사랑은 내가 더 높은 목적을 향해 나아갈 수 있게 합니다. 나의 길이 남들과 다를지라도, 내가 사랑과 빛 안에서 걷는다면, 다른 사람에게 사랑과 빛이 될 것입니다.

주문 수행 방법

다음 주문을 낭송하세요.

> 머리 위에 있는 달이 나에게 빛을 비추니,
> 낮이든 밤이든 사랑을 볼 수 있습니다.
> 나는 이 사랑을 가까이 간직하고, 소중히 여깁니다.
> 사랑은 나를 보호하니, 나는 두려움이 없습니다.

마음속으로 의식이 끝났음을 의미하는 문장을 말하며 주문을 마무리합니다. "그리고 그대로 이루어지리라.", "축복이 있으라.", "아멘." 이제, 촛불을 끄고 대형을 해제하세요.

• 17 •
영성

우리의 생각은 세상의 문을 여는 열쇠입니다. 우리 안에는 우리 주변과 아래 그리고 위에 있는 모든 것과 연결된 무언가가 있습니다.

— 사무엘 맥코드 크로너스(Samuel McCord Crothers, 목사)

영적인 주문은 개인적으로 제가 가장 좋아하는 분야입니다. 언제나 신비롭고 깨달음을 주기 때문입니다. "우리는 기도할 때 요청하고, 명상할 때 듣습니다." 그러나 주문이나 의식을 행할 때는 요청하고, 듣고, 행동합니다. 이는 정보와 실행이 어우러진 삼위일체입니다. 만약 이 책에서 단 하나의 주문만 골라서 수행해야 한다면, 저는 '신성한 메시지를 받기 위한 주문'을 추천하겠습니다. 그 주문을 통함으로써 모든 것이 명확해지기 때문입니다.

목적을 탐구하는 주문

수행에 필요한 마법 도구들

주문에 필요한 도구들은 선택한 대형에 따라 아래와 같이 준비합니다.

준비물

- 작은 크기의 투명한 수정 1개, 자수정 1개
- 두 원석을 함께 담을 수 있는 끈 달린 주머니 같은 것(손수건이나 옷도 가능) : 원석은 아직 넣지 마세요.

양초

보라색 양초가 하나 필요하며, 시전자 앞쪽에 놓아둡니다.

대형

모든 주문은 문 서클을 그리는 것에서 시작합니다. 문 서클은 당신을 보호하는 마법의 방패 역할을 합니다. 삼각형이나 사각형 대형을 그릴 경우에도 원을 먼저 그리고 그 안에 대형을 형성해야 합니다.

이 주문에 가장 적합한 대형은 삼각형 또는 원입니다. <다양한 대형 만들기> 섹션에서 소개한 방법에 따라 대형을 만드세요. 이때 사용할 수 있는 도구로는 지팡이, 칼, 지시하기 위해 쭉 뻗은 손가락, 소금, 그 밖에 개인적으로 선택한 재료 등이 있습니다.

바라보아야 할 방향

동쪽을 향할 때 가장 효과적입니다. 앞서 언급한 방식대로 양초를 배치하고, 다른 도구나 강화 아이템들은 시전자가 동쪽을 바라보고 앉았을 때 앞에 오도록 놓아둡니다.

달의 위상

보름달이나 상현달 시기에 수행할 때 효과가 가장 좋습니다. 달이 차오르듯, 좋은 일이 일어날 가능성도 늘어나길 바라는 마음이 담겨 있기 때문입니다.

요일

주문을 수행하기에 가장 적절한 요일은 일요일, 월요일, 목요일입니다.

주문에 깊이를 더하는 마법 도구들

다음에 소개하는 항목들은 주문에 차원의 깊이를 더하고 스스로에게 한껏 집중할 수 있게 도와줍니다. 필수는 아니며, 도구가 없어도 주문은 작동합니다.

원석

주문에 가장 적합한 원석은 자수정이나 투명한 수정입니다. 만약 다른 원석을 사용하고 싶다면, 그것을 시전자 앞에 두세요.

향

주문을 강화할 향으로는 유향, 향모, 세이지가 좋습니다. 향은 대형 내부에 안전하게 두되, 불을 붙일 때는 대형 밖에서 수행하도록 합니다.

음악

평소 음악을 좋아하고 주문에 방해가 되지 않는다면 명상적이고 평화로운 분위기의 연주곡을 선택해 보세요. 바닷소리 같은 것도 좋습니다. 당신이 편안하게 느끼는 음악이라면 무엇이든 괜찮습니다.

주문을 시작하기 전에

방해받지 않는 환경을 만드세요.

가능하다면 휴대폰은 꺼두세요.

차분한 음악을 틀어 주세요.

조명을 은은하게 낮춥니다.

주문을 시작하기 전에 손을 씻거나 샤워를 하세요.

사용할 향이 있다면 미리 피워 두세요.

필요한 모든 도구를 준비하고 가까운 곳에 놓아두세요.

대형을 그리세요.

더 높은 힘에게 이 정보가 당신을 통해 흐르도록 허락해 달라고 요청하세요.

확언

주문을 시작하기 전에, 대형 안에서 낭독하세요.

밝은 달빛 아래에서, 나는 약간의 좌절감과 함께 묻습니다. 왜 내가 여기에 있는가? 나의 목적은 무엇인가? 내가 추구해야 할 특별한 자리나 목표가 존재하는가?

내가 만들어야 할 특별한 성취를 아직 발견하지 못해서 불안해하는 것일까? 혹시 아직 드러나지 않은 것을 억지로 밀어붙이고 있는 건 아닐까? 세월이 흘러가는 것을 보며 '이제는 때가 되었다'고, 스스로 선언하고 있는 것일까? 제게 알려 주십시오. 도와주십시오. 명확함을 주십시오.

어쩌면 저는 이미 제 운명을 따라 살고 있는지도 모릅니다. 저의 자만심이 제가 더 높은 수준에서 무언가를 기여해야 한다고 생각하고 있을 수도 있습니다. 모든 존재는 저마다의 목적을 가지고 있습니다. 저는 자연을 바라봅니다. 개미에게도, 독수리에게도 각자의 자리가 있습니다.

제가 세상을 바꿀 수 있을까요? 누군가를 돕는 조력자가 제 역할일까요? 낯선 이에게 따뜻한 미소를 지으며 고개를 끄덕일 때마다, 지구에 도움이 되는 걸까요? 우리의 선행이 꼭 거대하고 모든 사람이 알아봐야만 가치 있는 일일까요?

어쩌면 저는 이미 제 역할을 하고 있지만 그것을 인지하지 못하고 있는지도 모르겠습니다. 모든 것을 아는 존재들의 지혜와 깨닫게 된 힘을 통해 저를 인도해 주세요.

제가 이미 목적지에 도달했는지, 아니면 이제 막 그 길로 들어서고 있는지 알 수 있게 해주십시오. 나이와 욕망은 아무 상관이 없습니다. 오직 더 높은 힘만이 그 길을 알고 있습니다.

저는 인내하겠습니다. 그 안에서 진정한 목적이 무엇인지 배우겠습니다. 알고자 하는 갈망을 내려놓고, 모든 것이 우주의 계획에 따라 흘러가리라는 것을 받아들이겠습니다. 저는 여기에 있고, 준비가 되었습니다. 그리고 그대로 이루어지리라.

주문 수행 방법

원석을 천이나 주머니에 넣어 손에 들고 다음의 주문을 낭송하세요.

돌들이여, 너희 또한 안내자이니,

해답과 예지를 내게 전하리라.

꿈속에서 나는 진실을 보리니,

내 운명이 드러날 것이다.

마음속으로 의식이 끝났음을 의미하는 문장을 말하며 주문을 마무리합니다. "그리고 그대로 이루어지리라.", "축복이 있으라.", "아멘." 이제, 촛불을 끄고 대형을 해제하세요.

돌이 든 주머니는 베개 밑이나 침대 옆에 두고 자도록 합니다. 3일간은 꿈에 특별히 주의를 기울이세요. 꿈속에 나타나는 상징들을 유심히 살펴보면 당신을 위한 해답이 있을 것입니다.

신성한 메시지를 받기 위한 주문

수행에 필요한 마법 도구들

주문에 필요한 도구들은 선택한 대형에 따라 아래와 같이 준비합니다.

준비물

- 타로 카드
- 흑요석 거울(Scrying Mirror : 유리처럼 반사되며 검은색을 띠는 흑요석으로 만든 거울), 수정 또는 무언가를 들여다볼 수 있는 도구

이런 스타일의 점술 도구가 없다면, 볼에 물을 반쯤 채워 사용하세요. 물에 반사되는 이미지를 포착할 수 있습니다.

양초

보라색 양초 하나를 시전자 앞 왼쪽에, 노란색 양초 하나를 앞 오른쪽에 배치합니다.

대형

모든 주문은 문 서클을 그리는 것에서 시작합니다. 문 서클은 당신을 보호하는 마법의 방패 역할을 합니다. 삼각형이나 사각형 대형을 그릴 경우에도 원을 먼저 그리고 그 안에 대형을 형성해야 합니다.

이 주문에 가장 적합한 대형은 원입니다. <다양한 대형 만들기> 섹션에서 소개한 방법에 따라 대형을 만드세요. 이때 사용할 수 있는 도구로는 지팡이, 칼, 지시하기 위해 쭉 뻗은 손가락, 소금, 그 밖에 개인적으로 선택한 재료 등이 있습니다.

바라보아야 할 방향

남쪽을 향할 때 가장 효과적입니다. 앞서 언급한 방식대로 양초를 배치하고, 다른 도구나 강화 아이템들은 시전자가 남쪽을 바라보고 앉았을 때 앞에 오도록 놓아둡니다.

달의 위상

보름달 또는 상현달 시기에 수행할 때 효과가 가장 좋습니다. 달이 차오르듯이 좋은 일이 일어날 가능성 또한 증가하길 바라는 마음이 담기기 때문입니다.

요일

주문을 수행하기 가장 적합한 요일은 일요일, 월요일, 목요일, 금요일입니다.

주문에 깊이를 더하는 마법 도구들

다음에 소개하는 항목들은 주문에 차원의 깊이를 더하고 스스로에게 한껏 집중할 수 있게 도와줍니다. 필수는 아니며, 도구가 없어도 주문은 작동합니다.

원석

주문에 가장 적합한 원석은 그린 투말린(Green Tourmaline) 또는 베

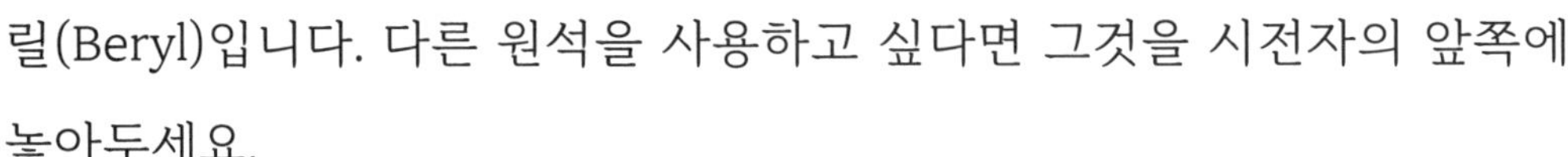

릴(Beryl)입니다. 다른 원석을 사용하고 싶다면 그것을 시전자의 앞쪽에 놓아두세요.

향

주문을 강화할 향으로는 등나무가 좋습니다. 향은 대형 내부에 안전하게 두되, 불을 붙일 때는 대형 밖에서 수행하도록 합니다.

음악

평소 음악을 좋아하고 주문에 방해가 되지 않는다면 하프나 플루트 같은 악기로 연주되어 명상에 잘 어울리고 평온한 느낌을 주는 연주곡을 선택해 보세요. 당신이 편안하게 느끼는 음악이라면 무엇이든 괜찮습니다.

주문을 시작하기 전에

방해받지 않는 환경을 만드세요.

가능하다면 휴대폰은 꺼두세요.

차분한 음악을 틀어 주세요.

조명을 은은하게 낮춥니다.

주문을 시작하기 전에 손을 씻거나 샤워를 하세요.

사용할 향이 있다면 미리 피워 두세요.

필요한 모든 도구를 준비하고 가까운 곳에 놓아두세요.

대형을 그리세요.

더 높은 힘에게 이 정보가 당신을 통해 흐르도록 허락해 달라고 요청하세요.

확언

주문을 시작하기 전에, 대형 안에서 낭독하세요.

나는 평온과 만족 속에 앉아 있습니다. 나에게 전해질 모든 메시지를 받을 준비가 되어 있습니다.

오늘 밤 내가 받을 메시지를 기꺼이 받아들입니다. 나는 특정한 것을 찾고 있는 것이 아닙니다. 나의 더 높은 힘이 나누고자 하는 것을 받아들일 준비가 되어 있습니다.

나는 그것이 무엇일지 추측하지 않겠습니다. 강하고, 분명하고, 뚜렷하게 다가오기를 바랍니다. 나는 들을 것입니다. 나는 우주의 생명력 에너지의 흐름과 조화를 이루고 있기 때문입니다. 흘러가게 두십시오. 나는 듣고 있습니다. 나는 이해하고 있습니다.

나는 빛을, 길을, 균형을 보고자 합니다. 나는 이제 고요 속에 앉아 집중하겠습니다. 메시지가 흘러나오길 손짓합니다.

주문 수행 방법

이제 다음 주문을 낭송하세요.

이 통로를 통해 시야가 트이게 해주소서.

밝게, 진실되게 하소서.

오늘 밤 춤추는 환영 속에,

메시지가 눈앞에 보이게 하소서.

타로 카드나 일반 카드(플레잉 카드)를 사용하는 경우, 3장을 뽑습니다. 당신이 배운 방식대로 메시지를 해석하세요.

흑요석 거울, 수정, 물이 담긴 그릇을 사용한다면 표면을 가만히 응시합니다. 눈의 초점을 풀고, 떠오르는 이미지가 있는지 살펴보세요. 오랜 시간 작업을 쉬었다면 연습이 조금 필요합니다. 처음에 아무것도 보이지 않는다면 다른 날 주문을 다시 시도해 보세요. 어떠한 방법으로도 '보지' 못했다면, 이렇게 말합니다. "다음 보름달에 꿈속으로 메시지를 보내 주소서." 달력에 다음 보름달이 뜨는 날짜를 표시해 두고, 꿈속에서 무엇을 말하려고 하는지 살펴봅니다.

마음속으로 의식이 끝났음을 의미하는 문장을 말하며 주문을 마무리합니다. "그리고 그대로 이루어지리라.", "축복이 있으라.", "아멘." 이제, 촛불을 끄고 대형을 해제하세요.

범용적인 그룹 명상/주문

수행에 필요한 마법 도구들

멤버들이 도구를 쓰지 않기로 결정했다면 딱히 필요하지 않습니다.

요일

이 주문은 보름달이 떠 있기만 하면 언제든 수행 가능합니다.

대형

모든 주문은 문 서클을 그리는 것에서 시작합니다. 문 서클은 당신을 보호하는 마법의 방패 역할을 합니다. 삼각형이나 사각형 대형을 그릴 경우에도 원을 먼저 그리고 그 안에 대형을 형성해야 합니다.

이 주문에 가장 적합한 대형은 원입니다. <다양한 대형 만들기> 섹션에서 소개한 방법에 따라 대형을 만드세요. 이때 사용할 수 있는 도구로는 지팡이, 칼, 지시하기 위해 쭉 뻗은 손가락, 소금, 그 밖에 개인적으로 선택한 재료 등이 있습니다.

달의 위상

보름달 시기에 수행하면 가장 큰 효과를 발휘합니다.

바라보아야 할 방향

어느 방향이든 괜찮습니다.

그룹 명상/주문 진행 방법

그룹 명상은 2명 또는 그 이상이 참여할 때 성립됩니다. 여럿이 함께 의식을 준비할 때는 참가자 모두가 그날 밤 다른 약속을 잡지 않는 것이 가장 좋습니다. 계획을 미리 짜야 하는 이유기도 하죠.

다만, 가족 돌봄, 직장, 기타 의무 등으로 시간을 내기 어려운 건 이해할 수밖에 없습니다. 저녁 시간 전체를 의식에 할애하기란 쉽지 않은 일이죠. 의식이 시작하고 끝날 때까지 최소 3시간 정도는 확보하는 것이 좋으며, 이동 시간이 필요하다면 잘 계산해 두도록 합니다.

우선, 그룹이 어떠한 목적으로 모이는지 명확하게 정해야 합니다. 세계 평화, 특정 인물의 회복 등을 예로 들 수 있습니다. 그리고 그룹의 리더 또는 조력자를 1명 정해야 합니다. 이 사람은 의식의 전체 과정이 원활히 진행되도록 모든 것을 책임지는 역할을 담당하므로 의식이 시작되기 전에 정해져 있어야 합니다. 진행자나 다른 사람은 주문이나 확언을 만들고 종이에 적어서 리더가 읽을 수 있도록 준비해 둬야 합니다.

이때 작성하는 주문은 간단하게 "우리는 오늘 밤, 온 지구에 세계 평화의 진동을 전하기 위해 이 자리에 모였습니다. 그리고 그렇게 될 것입니다."처럼 할 수 있고 보다 복잡하고 긴 문장으로 구성해도 됩니다.

참가자들이 서 있을지, 앉을지, 손을 잡을지는 멤버들과 함께 혹은 진행자가 결정합니다. 어떤 주문은 변성의식 상태에 들어가게 되어 균형을 잃을 수 있으므로 앉는 자세가 적합할 수 있습니다. 어떤 자세를 할지는 사전에 정해 두도록 하고, 모두가 자리를 잡으면 조력자 역시 대형 안에 자리를 잡고 부드럽고 느린 목소리로 명상/주문을 시작합니다.

진행자는 중심에 서서 다른 사람들에게 등을 보이지 않도록 해야 하며, 대형의 일부로 있어야 합니다.

주문 수행 방법

조율자가 대형을 먼저 그린 후 그룹 리더가 다음의 말을 낭독합니다.

"눈을 감으세요. 지금부터 제가 하나에서 열까지 숫자를 셀 동안, 자신의 육체를 벗어나 달에 가까이 다가가는 모습을 상상해 보세요."

"하나 – 숨을 깊게 들이마시고, 천천히 내쉬세요."

"둘 – 숨을 깊게 들이마시고, 다시 천천히 내쉬세요."

"셋 – 당신이 달빛을 향해 서서히 떠오르고 있음을 느끼세요."

"넷 – 달의 에너지가 점점 가까워지는 감각을 느끼세요."

"다섯 – 눈을 계속 감은 채, 숨을 천천히 내쉬세요."

"여섯 – 숨을 내쉴 때마다 지금까지 지녀온 혹은 지금 가지고 있는 부정적인 에너지가 빠져나간다고 상상하세요."

"일곱 – 달빛의 진동을 느끼세요. 지구는 아래에 있습니다. 당신은 매우 안전하며, 하얀빛이 당신을 감싸고 있습니다."

"여덟 – 당신은 이제 달의 긍정적 에너지와 연결되었습니다. 이 빛나는 구체 위에 있는 당신을 상상해 보세요. 앉아 있나요, 서 있나요, 걷고 있나요, 아니면 그저 곁에 서 있나요? 상상해보세요."

"아홉 – 눈은 계속 감은 채로, 그 생명력과 에너지를 흡수하세요. 당신은 더 이상 단순한 관찰자가 아니라, 생명력 에너지의 일부입니다. 당신은 우주와 하나입니다. 잠시 시간을 내어 단순히 존재해 보세요. 생각이나 상상을 하지 않으려고 노력해 보세요."

(조율자는 약 5~10초간 침묵을 유지합니다.)

"열 – 눈을 계속 감은 채로, 제가 낭독할 명상문에 집중해 주세요."

조율자는 명상문 또는 주문을 낭독합니다. 낭독이 끝나면 "그리고 그대로 이루어지리라.", "축복이 있으라.", "아멘." 등의 말로 마무리합니다. 참석자들도 따라 할 수 있습니다.

이제 진행자는 천천히 낭독합니다.

"이제 우리는 천천히 마음의 차원에서 되돌아옵니다. 제가 열에서 하나까지 다시 셀 동안, 당신은 지구로 내려옵니다. 열, 아홉, 여덟, 일곱 – 달의 에너지는 여전히 당신과 함께합니다. 여섯, 다섯, 넷 – 아래쪽에 있는 우리 그룹의 모습을 상상하세요. 셋, 둘 – 당신은 다시 자신의 몸으로 돌아왔습니다. 하나 – 눈을 뜨세요."

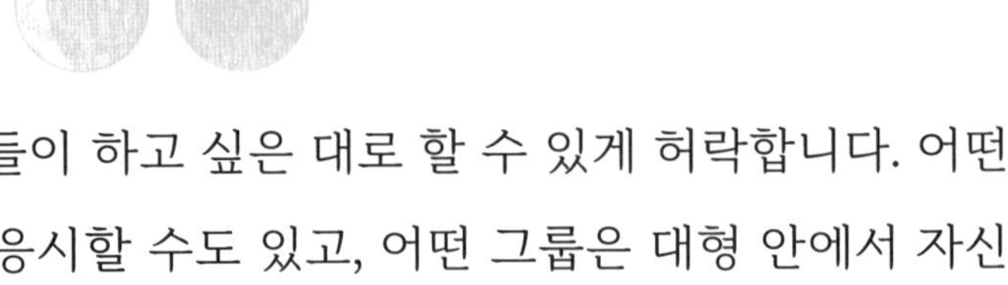

　　이제 조율자는 사람들이 하고 싶은 대로 할 수 있게 허락합니다. 어떤 이들은 계속 앉아 달을 응시할 수도 있고, 어떤 그룹은 대형 안에서 자신이 느낀 경험을 나누는 시간을 가질 수도 있습니다. 사후 활동 방식은 멤버들과 사전에 논의하여 정하는 것이 좋습니다.

　　대형을 해제하고 모든 촛불을 끄며, 장소를 깨끗이 정리해야 하는 것을 기억하세요. 자신과 타인, 지구를 항상 존중하도록 합니다.

$$\cdot 18 \cdot$$

그 외 다양한 주문

마음의 소망이 함께 하기를!

— 윌리엄 셰익스피어(William Shakespeare, 극작가)

이 섹션에는 다른 항목에 딱 들어맞지 않지만 매우 강력한 주문들이 담겨 있으니, 주의 깊게 살펴볼 가치가 있습니다.

<타인으로부터 자신을 해방시키는 주문(속박 주문)>만 예외적인 상황을 위한 것이며, 다른 모든 주문은 꾸준히 긍정적인 반응과 훌륭한 피드백을 받아 왔습니다. 특별히 끌리는 주제가 없지만 주문을 수행해 보고 싶다면, 이 섹션의 주문을 활용해 마법적인 개척자가 되는 건 어떤 기분인지 느껴 보길 바랍니다.

원활한 소통을 위한 주문

수행에 필요한 마법 도구들

주문에 필요한 도구들은 선택한 대형에 따라 아래와 같이 준비합니다.

준비물

- 펜
- 그릇
- 월계수잎(통잎 형태) : 식료품점 향신료 코너에서 병에 담아 판매 중인 제품이면 됩니다. 대형 안에 여분의 잎을 준비해 두는 것이 좋습니다. 주문을 마친 후 잎을 가루로 만들고자 한다면, 절구와 절굿공이 또는 분쇄기 같은 도구를 준비하도록 하세요. 잎이 얼마나 잘 바스러지는지에 따라 적절한 것을 사용하면 됩니다.

양초

이 주문에는 4개의 양초가 필요하고, 정사각형의 네 변에 배치합니다. 동쪽 변에는 파란색 양초, 북쪽 변에는 갈색 양초, 서쪽 변에는 은색 또는 회색 양초, 남쪽 변이자 시전자 앞쪽에는 하얀색 양초를 둡니다.

대형

모든 주문은 문 서클을 그리는 것에서 시작합니다. 문 서클은 당신을 보호하는 마법의 방패 역할을 합니다. 삼각형이나 사각형 대형을 그릴 경우에도 원을 먼저 그리고 그 안에 대형을 형성해야 합니다.

이 주문에 가장 적합한 대형은 사각형입니다. <다양한 대형 만들기> 섹션에서 소개한 방법에 따라 대형을 만드세요. 이때 사용할 수 있는 도구로는 지팡이, 칼, 지시하기 위해 쭉 뻗은 손가락, 소금, 그 밖에 개인적으로 선택한 재료 등이 있습니다.

바라보아야 할 방향

남쪽을 향할 때 가장 효과적입니다. 앞서 언급한 방식대로 양초를 배치하고, 다른 도구나 강화 아이템들은 시전자가 남쪽을 바라보고 앉았을 때 앞에 오도록 놓아둡니다.

달의 위상

상현달 시기에 수행할 때 가장 효과가 좋습니다. 달이 차오르듯 소통 능력도 나아지기를 바라는 마음이 담기기 때문입니다.

요일

요일에 상관없이 아무 날이나 수행할 수 있습니다.

주문에 깊이를 더하는 마법 도구들

다음에 소개하는 항목들은 주문에 차원의 깊이를 더하고 스스로에게 한껏 집중할 수 있게 도와줍니다. 필수는 아니며, 도구가 없어도 주문은 작동합니다.

원석

주문에 가장 적합한 원석은 사파이어(Sapphire), 그린 투말린, 베릴입니다. 만약 다른 원석을 사용하고 싶다면, 그것을 시전자 앞에 두세요.

향

주문을 강화할 향으로는 등나무가 좋습니다. 향은 대형 내부에 안전하게 두되, 불을 붙일 때는 대형 밖에서 수행하도록 합니다.

음악

평소 음악을 좋아하고 주문에 방해가 되지 않는다면 클래식, 어쿠스틱, 뉴에이지 계열의 음악을 선택해 보세요. 당신이 편안하게 느끼는 음악이라면 무엇이든 괜찮습니다.

주문을 시작하기 전에

방해받지 않는 환경을 만드세요.

가능하다면 휴대폰은 꺼두세요.

차분한 음악을 틀어 주세요.

조명을 은은하게 낮춥니다.

주문을 시작하기 전에 손을 씻거나 샤워를 하세요.

사용할 향이 있다면 미리 피워 두세요.

필요한 모든 도구를 준비하고 가까운 곳에 놓아두세요.

대형을 그리세요.

더 높은 힘에게 이 정보가 당신을 통해 흐르도록 허락해 달라고 요청하세요.

확언

주문을 시작하기 전에, 대형 안에서 낭독하세요.

지금 있는 이 자리에서, 나는 해답을 구하고 있습니다. 나의 안내자들과 더 높은 힘의 지혜를 느낍니다. 모든 생명으로부터 오는 에너지를 느낍니다. 나는 현재 문제가 생겨 고심하고 있으며, 더 나은 소통이 이 문제를 해결하는 데 도움이 되기를 바랍니다.

생각을 보내 주십시오. 말을 보내 주십시오. 관련된 사람들을 위해 최선의 선택을 할 수 있는 힘을 보내 주십시오. 나는 (사람 이름)에게 나의 걱정, 즉 (우려 사항)을 이야기하기 위해 모든 노력을 기울이겠습니다. 상황이 평온하고 우리를 방해할 요소가 없을 때 그/그녀를 마주할 수 있는 평정심을 가질 것입니다.

나는 비판적이거나 판단하는 말투가 아닌 차분한 어조로 나의 감정을 전달하겠습니다. 나는 상처를 주거나 (사람 이름)에게 죄책감을 심어 주는 말을 하지 않겠습니다. 나는 이 상황을 개선하고 싶습니다. 더 많은 고통을 채우고 싶은 것이 아닙니다.

오늘 이곳에 비치는 달빛 아래에서, 반드시 전해야 할 말을 전할 수 있도록 도와주십시오. 만약 (사람 이름)이 응답하지 않거나 나와 함께하려 하지 않는다면, 나는 선택을 내려야 할 것입니다. 나는 이 상황을 해결하기 위해 내가 할 수 있는 모든 것을 다했습니다.

하지만 이제는 우리 둘이 함께 협력해야 이 문제를 극복할 수 있습니다. 나를 감싸고 있는 진정한 통찰력을 느낍니다. 나는 당신을 환영합니다. 새로운 길을 보여 주고 명확함을 가져다주십시오. 마음을 표현하는 데 방해가 되는 나의 약함을 이겨낼 수 있도록 도와주십시오. 소통을 시작할 용기를 내겠습니다.

만약 해결이 되지 않는다면, 어쩌면 인연이 아니었을지도 모릅니다. 다음 달의 주기에 해답을 보내 주십시오. 새로운 생각과 안내로 나를 채워 주십시오. 그리고 그대로 이루어지리라.

주문 수행 방법

월계수잎을 하나 집어 들고, 그 위에 상대방의 이름(이름의 첫 글자만으로도 충분)을 가능한 정성껏 적으세요. 잎이 부서지면, 새 월계수잎에 다시 적으면 됩니다. 이번에는 첫 글자만 부드럽게 적어 보세요. 그런 다음, 손이나 허브를 찧는 데 사용하는 도구로 월계수잎을 으깨어 그릇 안에 넣으세요. 이제 다음 주문을 낭독합니다.

바람과 공기가 이 간청을 전하게 하소서,
나의 생각이 당신에게 다가가고 있음을 느끼게 하소서.
빛의 속도로 이 뜻이 전해지기를,
오늘 밤, 여기서 들리기를, 느껴지기를.

　야외에 있다면, 부서진 잎을 손가락으로 집어 공중으로 날려 주세요. 실내에 있다면, 주문이 끝난 뒤 잠깐 밖으로 나가거나 문을 열어 가루를 날려 보내세요.

　마음속으로 의식이 끝났음을 의미하는 문장을 말하며 주문을 마무리합니다. "그리고 그대로 이루어지리라.", "축복이 있으라.", "아멘." 이제, 촛불을 끄고 대형을 해제하세요.

생일 주문

　당신이 태어난 날은 스스로의 힘을 되새기고, 다가오는 한 해 동안의 안녕을 기원하는 주문을 행하기에 가장 좋은 때입니다. 이 주문은 생일 당일이나, 태어난 달 내 원하는 날에 행할 수 있습니다. 자신의 소망과 열망을 누구보다 가장 잘 아는 이는 바로 자신이므로, 생일 주문에는 직접 소원을 적어 보세요.

수행에 필요한 마법 도구들

주문에 필요한 도구들은 선택한 대형에 따라 아래와 같이 준비합니다.

준비물

- 화로와 성냥
- 시전자가 좋아하는 단 음식 소량(케이크, 파이, 빵, 부드러운 사탕

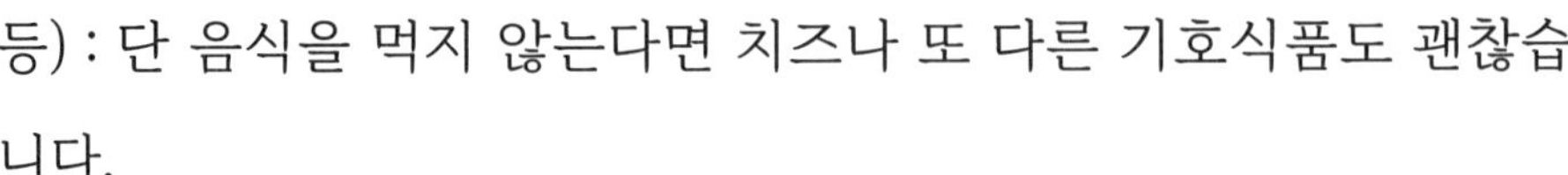

등) : 단 음식을 먹지 않는다면 치즈나 또 다른 기호식품도 괜찮습니다.

- 물
- 와인 또는 과일 주스 : 색깔은 상관없습니다.
- 종이 3장, 펜 또는 연필
- 벽돌이나 돌, 나뭇조각 하나 : 크기는 중요하지 않습니다.

양초

빨간색, 하얀색, 노란색 양초 3개를 준비합니다. 삼각형 형태로 앞쪽에 배치하되, 빨간색 양초는 왼쪽 아래에, 하얀색 양초는 가운데에(북쪽을 향한 삼각형의 꼭짓점), 노란색 양초는 오른쪽 아래에 둡니다.

대형

모든 주문은 문 서클을 그리는 것에서 시작합니다. 문 서클은 당신을 보호하는 마법의 방패 역할을 합니다. 삼각형이나 사각형 대형을 그릴 경우에도 원을 먼저 그리고 그 안에 대형을 형성해야 합니다.

이 주문에 가장 적합한 대형은 원입니다. <다양한 대형 만들기> 섹션에서 소개한 방법에 따라 대형을 만드세요. 이때 사용할 수 있는 도구로는 지팡이, 칼, 지시하기 위해 쭉 뻗은 손가락, 소금, 그 밖에 개인적으로 선택한 재료 등이 있습니다.

바라보아야 할 방향

북쪽을 향할 때 가장 효과적입니다. 앞서 언급한 방식대로 양초를 배치하고, 다른 도구나 강화 아이템들은 시전자가 북쪽을 바라보고 앉았을 때 앞에 오도록 놓아둡니다.

달의 위상

달의 위상과 상관없이 언제든지 수행할 수 있습니다. 당신의 생일이기 때문이죠!

요일

요일에 관계없이 언제든지 수행할 수 있습니다.

주문에 깊이를 더하는 마법 도구들

다음에 소개하는 항목들은 주문에 차원의 깊이를 더하고 스스로에게 한껏 집중할 수 있게 도와줍니다. 필수는 아니며, 도구가 없어도 주문은 작동합니다.

원석

주문에 가장 적합한 원석은 자신의 탄생석(Birthstone)입니다. 다음의 표는 월별 탄생석의 의미와 주문에 사용할 수 있는 탄생화(Birth Flowers) 종류이니, 참고하기 바랍니다.

월별 탄생석 의미와 탄생화 종류

월	탄생석	탄생화
1월	가넷(불변성)	카네이션
2월	자수정(성실)	제비꽃
3월	혈옥수(용기)	노랑수선화(Jonquil)
4월	다이아몬드(순수함)	스위트 피(Sweet Pea)

월	탄생석	탄생화
5월	에메랄드(사랑의 성공)	은방울꽃(Lily of the Valley)
6월	진주(건강)	장미
7월	루비(만족스러운 삶)	미나리아재비(Larkspur)
8월	사르도닉스 (Sardonyx, 부부 화합)	글라디올라(Gladiola)
9월	사파이어(사랑)	과꽃(Aster)
10월	오팔(희망)	금잔화(Calendula)
11월	토파즈(성실)	국화
12월	터키석(번영)	수선화(Narcissus)

탄생석에 대해서는 여러 가지 해석이 있으며, 어떤 자료를 참고하느냐에 따라 목록이 달라질 수 있습니다. 이 책에서 소개하는 구성은 비교적 일반적인 조합이라 할 수 있습니다. 더 알고 싶은 정보가 있다면 자유롭게 조사해 보세요.

향

주문을 강화할 향으로는 시트러스가 좋습니다. 향은 대형 내부에 안전하게 두되, 불을 붙일 때는 대형 밖에서 수행하도록 합니다.

음악

평소 음악을 좋아하고 주문에 방해가 되지 않는다면 행복한 느낌의 평

화로운 연주곡을 선택해 보세요. 당신이 편안하게 느끼는 음악이라면 무엇이든 괜찮습니다.

생일 주문을 시작하기 전

방해받지 않는 환경을 만드세요.

가능하다면 휴대폰은 꺼두세요.

차분한 음악을 틀어 주세요.

조명을 은은하게 낮춥니다.

주문을 시작하기 전에 손을 씻거나 샤워를 하세요.

사용할 향이 있다면 미리 피워 두세요.

필요한 모든 도구를 준비하고 가까운 곳에 놓아두세요.

대형을 그리세요.

더 높은 힘에게 이 정보가 당신을 통해 흐르도록 허락해 달라고 요청하세요.

주문 수행 방법

목표, 소망, 바람들을 각기 다른 종이에 적으세요. 미리 타이핑해 두는 것도 괜찮습니다. 3이라는 숫자는 풍요와 확장의 에너지를 상징하므로, 이 숫자의 진동을 활용할 예정입니다.

종이를 들고 하나씩 소리 내어 읽거나 마음속으로 읽습니다. 다 읽은 뒤에는 화로에 넣어 태웁니다. 3장을 다 태운 후에는 다음의 주문을 낭송합니다.

나의 소망 세 가지를 보내노니,
흩어져 다시 내게 돌아오기를.

이제 다음의 행위를 차례로 수행합니다.

"결코 배고프지 않기를."이라고 말하며, 준비한 케이크 조각을 한 입 먹습니다.

"결코 목마르지 않기를."이라고 말하며, 물을 한 모금 마십니다.

"언제나 몸 누일 곳이 있기를."이라고 말하며, 준비한 벽돌이나 나뭇조각, 돌을 손으로 3번 두들깁니다.

이제 빨간색 양초를 켜며 말합니다. "육체적 건강의 축복을 받기를."

노란색 양초를 켜며 말합니다. "정신적 건강의 축복을 받기를."

하얀색 양초를 켜며 말합니다. "영적인 건강의 축복을 받기를."

그리고 과일주나 와인을 한 모금 마신 후, 이렇게 말합니다.

오늘 나 자신을 축하합니다.
나는 오늘 새로워졌습니다.
나는 오늘 신성하게 인도된 길을 따라갑니다.

마음속으로 의식이 끝났음을 의미하는 문장을 말하며 주문을 마무리합니다. "그리고 그대로 이루어지리라.", "축복이 있으라.", "아멘." 이제, 촛불을 끄고 대형을 해제하세요. 종이의 재는 원하는 대로 처리하면 됩니다. 재가 타는 동안 소망은 이미 연기를 타고 전해졌습니다.

타인으로부터
자신을 해방시키는 주문(속박 주문)

※ 경고 : 이 주문은 되돌릴 수 없으니 가볍게 여기면 안 됩니다. 삶에 대한 통찰과 경험을 지닌 성숙한 성인만 시도해야 합니다. 속박 주문은 매우 논쟁적인 사안입니다. 이 책에 속박 주문을 포함시킬지 오랫동안 깊이 고민했지만 명상과 신성한 힘의 조언을 통해 수록하기로 결정했습니다.

이 주문의 목적은 당신에게 정신적, 육체적, 영적 해를 끼치는 사람 혹은 스스로에게 해를 끼치려는 사람을 멈추게 하는 것입니다. 하지만 이 주문이 논란이 되는 이유는 당신이 그 사람에 대해 잘못 판단했을 가능성이 있기 때문입니다. 따라서, 속박 주문을 실행해야 할지 확신이 없다면 절대 하지 마세요. 이 섹션에 수록된 <하얀빛 보호 주문>을 시도하는 것이 더 적절할 수 있습니다.

이 주문은 결코 법적 조치나 상담, 전문가의 도움을 대신할 수 없습니다. 이 주문을 보호 수단으로 여기지 마세요. 허상의 안전감을 가지게 될 수 있습니다. 이 주문의 목적은 어디까지나 당신이 이미 취한 상식적인 예방조치들에 추가로 힘과 에너지를 더하는 것입니다.

사회적, 법적 조치를 충분히 시도한 후에만 이 주문을 사용해야 합니

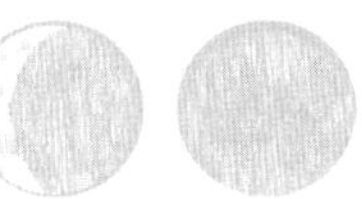

다. 단순히 귀찮은 전화, 방문자, 짜증나거나 화나게 하는 관계로부터 벗어나고자 할 때 사용해서는 안 됩니다. 이 주문은 매우 강력합니다.

수행에 필요한 마법 도구들

주문에 필요한 도구들은 선택한 대형에 따라 아래와 같이 준비합니다.

준비물

- 인형 또는 인형 모양의 형상물(Effigy 또는 Poppet)
- 끈, 실, 줄 등 인형을 묶을 수 있는 도구
- 소금

이 주문에서 사용할 인형은 머리와 두 팔, 두 다리를 갖춘 형상으로 만들어야 합니다. 손바느질을 해서 천 안쪽을 채워도 되고, 종이판이나 단단

한 재질을 잘라서 만들어도 됩니다. 인형에는 주문 대상의 이름을 적거나 사진을 붙입니다. 옥수수 껍질이나 사람의 형태로 만들 수 있는 재료도 가능합니다.

인형이나 형상물을 사용하는 개념은 일부 사람들에게 불편함을 줄 수 있습니다. 부두교(Voodoo) 의식과 연관되어 있다고 느끼기 때문입니다. 이 주문은 부두교와 무관하지만, 부두교에서도 인형을 사용하는 경우가 있으므로 걱정이 되는 것도 이해합니다.

하지만 이 주문은 누군가에게 해를 끼치기 위한 것이 아닙니다. 당신 자신을 보호하기 위해, 그리고 그 사람이 자신이나 타인에게 해를 끼치지 못하도록 묶어 두는 것이 목적입니다.

(이쯤에서 속박 주문에 대한 개념이 불편하다면, 실행하지 마십시오.)

양초

검은색 양초를 하나 준비하여 시전자 앞에 배치합니다.

대형

모든 주문은 문 서클을 그리는 것에서 시작합니다. 문 서클은 당신을 보호하는 마법의 방패 역할을 합니다. 삼각형이나 사각형 대형을 그릴 경우에도 원을 먼저 그리고 그 안에 대형을 형성해야 합니다.

이 주문에 가장 적합한 대형은 삼각형입니다. <다양한 대형 만들기> 섹션에서 소개한 방법에 따라 대형을 만드세요. 이때 사용할 수 있는 도구로는 지팡이, 칼, 지시하기 위해 쭉 뻗은 손가락, 소금, 그 밖에 개인적으로 선택한 재료 등이 있습니다.

바라보아야 할 방향

서쪽을 향할 때 가장 효과적입니다. 앞서 언급한 방식대로 양초를 배치하고, 다른 도구나 강화 아이템들은 시전자가 서쪽을 바라보고 앉았을 때 앞에 오도록 놓아둡니다.

달의 위상

하현달 또는 그믐달 시기에 수행하면 효과가 가장 좋습니다.

요일

가장 적합한 요일은 일요일 또는 토요일입니다.

주문에 깊이를 더하는 마법 도구들

다음에 소개하는 항목들은 주문에 차원의 깊이를 더하고 스스로에게 한껏 집중할 수 있게 도와줍니다. 필수는 아니며, 도구가 없어도 주문은 작동합니다.

원석

주문에 가장 적합한 원석은 제트, 흑요석, 투명한 수정입니다. 만약 다른 원석을 사용하고 싶다면, 그것을 시전자 앞에 두세요.

향

주문을 강화할 향으로는 로즈우드(Rosewood), 라벤더가 좋습니다. 향은 대형 내부에 안전하게 두되, 불을 붙일 때는 대형 밖에서 수행하도록 합니다.

음악

평소 음악을 좋아하고 주문에 방해가 되지 않는다면 낮은 주파수의 평온하고 부드러운 분위기의 연주곡을 선택해 보세요. 당신이 편안하게 느끼는 음악이라면 무엇이든 괜찮습니다.

주문을 시작하기 전에

방해받지 않는 환경을 만드세요.

가능하다면 휴대폰은 꺼두세요.

차분한 음악을 틀어 주세요.

조명을 은은하게 낮춥니다.

주문을 시작하기 전에 손을 씻거나 샤워를 하세요.

사용할 향이 있다면 미리 피워 두세요.

필요한 모든 도구를 준비하고 가까운 곳에 놓아두세요.

대형을 그리세요.

더 높은 힘에게 이 정보가 당신을 통해 흐르도록 허락해 달라고 요청하세요.

확언

주문을 시작하기 전에, 대형 안에서 낭독하세요.

지금 이 특별한 주문을 수행하기로 한 이유는 다른 대안이 없다고 느꼈기 때문이며, 가능한 모든 방법을 이미 검토해 보았습니다. 되돌릴 수 없는 이 의식을 계속 진행하기 전에, 옳은 선택인지 다시 한 번 깊이 성찰하고자 합니다.

내 마음이 바뀐다면, 이 주문 대신 보호 주문을 실행할 것입니다.

이제 제가 이 강력한 행동을 수행할지 결정할 때입니다.

(결국 하지 않기로 결정한다면, 그 또한 최선입니다.)

주문 수행 방법

1. 검은색 양초에 불을 붙입니다.
2. 인형을 집어 들고 준비한 끈이나 실, 리본으로 감쌉니다. 이때 다음 문장을 함께 말하세요. "당신 자신을 또는 타인을 해치는 (대상의 이름)을 묶는다." 인형의 팔과 다리를 함께 묶고, 머리 부분도 전체적으로 다 실로 감아야 합니다. 누군가에게 해를 끼칠 수 있는 부분이 풀려 있지 않도록 하는 것입니다.
3. 인형에 소금을 뿌리세요.
4. 그런 다음, 한 번 더 말합니다.
   "당신 자신을 또는 타인을 해치는 (대상의 이름)을 묶는다."

이제 다음 주문을 낭송하세요.

이 끈이 감기듯 너 또한 묶인다.
내게서 너는 봉인되고 나의 힘은 드러난다.
누구도 해치지 못하도록 이곳에서 떠나라.
오늘부터 너는 무력하다.

마음속으로 의식이 끝났음을 의미하는 문장을 말하며 주문을 마무리합니다. "그리고 그대로 이루어지리라.", "축복이 있으라.", "아멘." 이제, 촛불을 끄고 대형을 해제하세요.

사용했던 인형은 당신이 거주하는 지역 밖에 묻어도 되고 벽난로나 외부 화로가 있다면 태워도 좋습니다. 기억하세요. 당신은 누군가에게 해를 가하려는 것이 아니라 앞으로 발생할 수 있는 해로운 행동을 막기 위해 수행한 것입니다.

초자연적 능력 향상/
내면의 힘 불러내기 주문

이 주문은 초자연적 능력을 발전시키고 확장하는 데 자신감을 불어넣어 줄 것입니다. 새로운 형태의 점술을 실험해 보고 싶은 욕구도 늘어날 것입니다. 또한 이 주문은 '제3의 눈'을 여는 데 도움이 됩니다.

제3의 눈은 직관적이며 초자연적 힘의 중심지로, 초자연적 세계 너머의 정보가 도달하는 곳입니다. 제3의 눈은 눈썹 사이의 이마 중앙에 위치해 있으며, 현실 세계의 것이 아니므로 보이지 않습니다. 6번째 차크라로 간주되며, 몸 안에서 보이지 않지만 회전하고 있는 에너지의 소용돌이이기도 합니다.

만약 더 깊은 직관의 세계에 이끌린다면 이 주문을 수행하여 힘을 끌어내세요. 당신의 재능이 곧 부름입니다.

이 주문은 서두르지 마세요. 또한 혼자 여유롭게 수행하거나 음과 양의 에너지가 조화를 이루도록 이성과 함께 수행하도록 합니다.

수행에 필요한 마법 도구들

주문에 필요한 도구들은 선택한 대형에 따라 아래와 같이 준비합니다. 모든 도구는 바닥이나 테이블, 제단에 놓되 시전자 앞에 자리하도록 배치합니다.

준비물

- (화이트/레드) 와인 또는 과일 주스
- 와인 또는 주스를 담을 특별한 잔 또는 성배 : 타인과 함께 수행할 경우, 같은 잔을 사용하여 에너지를 섞는 것도 좋습니다.
- 향 또는 향수와 같이 의식 중 향을 맡을 수 있는 도구 : 추천한 향이 마음에 들지 않으면 다른 향을 사용하세요.
- 짙은 보라색 천(실크, 벨벳, 펠트 등 부드러운 재질) : 크기는 상관없습니다.
- 방울, 징, 차임벨 : 따로 쓰는 방울이 없다면 풍경을 써도 됩니다. 큰 풍경을 사용할 경우, 대형 안에 걸 장소가 없으면 바닥에 눕혀둡니다. 서로 부딪쳐 보거나 다른 도구로 쳐보면서 소리가 나는지 확인하도록 합니다. 풍경 아래에 대형을 그려서 자리에서 일어나 치기만 하면 되도록 구성해도 좋습니다.

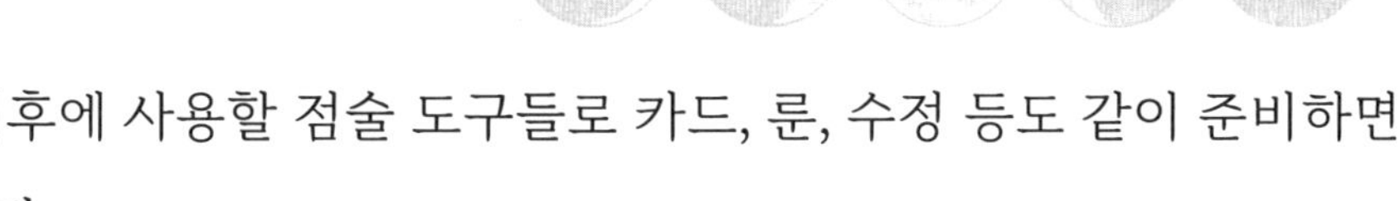

주문 이후에 사용할 점술 도구들로 카드, 룬, 수정 등도 같이 준비하면 좋습니다.

양초

보라색, 주황색, 하얀색 양초를 준비하고, 한줄로 놓되 왼쪽에는 보라색, 가운데에 하얀색, 오른쪽에 주황색 양초를 놓습니다.

대형

모든 주문은 문 서클을 그리는 것에서 시작합니다. 문 서클은 당신을 보호하는 마법의 방패 역할을 합니다. 삼각형이나 사각형 대형을 그릴 경우에도 원을 먼저 그리고 그 안에 대형을 형성해야 합니다.

이 주문에 가장 적합한 대형은 삼각형입니다. <다양한 대형 만들기> 섹션에서 소개한 방법에 따라 대형을 만드세요. 이때 사용할 수 있는 도구로는 지팡이, 칼, 지시하기 위해 쭉 뻗은 손가락, 소금, 그 밖에 개인적으로 선택한 재료 등이 있습니다.

바라보아야 할 방향

북쪽을 향할 때 가장 효과적입니다. 앞서 언급한 방식대로 양초를 배치하고, 다른 도구나 강화 아이템들은 시전자가 북쪽을 바라보고 앉았을 때 앞에 오도록 놓아둡니다.

달의 위상

보름달 시기에 가장 강력한 효과를 발휘합니다. 달이 충만함과 명료함을 향해 움직이는 것처럼 당신도 그렇게 하기 위해 노력하고 있기 때문입니다.

요일

주문을 수행하기에 가장 좋은 요일은 일요일, 월요일, 목요일이지만 어느 요일이든 수행 가능합니다.

주문에 깊이를 더하는 마법 도구들

다음에 소개하는 항목들은 주문에 차원의 깊이를 더하고 스스로에게 한껏 집중할 수 있게 도와줍니다. 필수는 아니며, 도구가 없어도 주문은 작동합니다.

원석

주문에 가장 적합한 원석은 자수정, 월장석, 투명한 수정입니다. 만약 다른 원석을 사용하고 싶다면, 그것을 시전자 앞에 두세요.

향

주문을 강화할 향으로는 유향, 정향, 소나무가 좋습니다. 향은 대형 내부에 안전하게 두되, 불을 붙일 때는 대형 밖에서 수행하도록 합니다.

음악

평소 음악을 좋아하고 주문에 방해가 되지 않는다면 자연의 소리같이 명상적이고 평온한 연주곡을 선택해 보세요. 당신이 편안하게 느끼는 음악이라면 무엇이든 괜찮습니다.

주문을 시작하기 전에

방해받지 않는 환경을 만드세요.
가능하다면 휴대폰은 꺼두세요.

차분한 음악을 틀어 주세요.

조명을 은은하게 낮춥니다.

주문을 시작하기 전에 손을 씻거나 샤워를 하세요.

사용할 향이 있다면 미리 피워 두세요.

필요한 모든 도구를 준비하고 가까운 곳에 놓아두세요.

대형을 그리세요.

더 높은 힘에게 이 정보가 당신을 통해 흐르도록 허락해 달라고 요청하세요.

확언

주문을 시작하기 전에, 대형 안에서 낭독하세요.

> 나는 나의 능력을 성장시키기 위해 기꺼이 마음을 엽니다. 긍정적이고 즐거운 목적을 위해 삶을 향상시킬 내면의 힘을 부릅니다. 나의 직관이 최고의 표현에 도달하기를 바랍니다. 나는 우주적 생명 에너지와 하나가 되었음을 선언합니다.
>
> 내가 받는 메시지에 주의 깊게 귀를 기울이겠습니다. 나의 직감이 얼마나 정확한지 살피겠습니다. 나의 영적 잠재력에 도달하는 데 필요한 진동이 나를 감싸주기를 바랍니다. 그리고 그대로 이루어지리라.

주문 수행 방법

1. 촛불을 켭니다. 단, 향은 아직 피우지 않습니다.

2. 방울을 울리며 말합니다. "나는 힘을 듣습니다."(둘이 함께할 경우, 여성이 방울을 울립니다.)

3. 와인을 한 모금 마시며 말합니다. "나는 힘을 맛봅니다."(둘이 함께할 경우, 남성이 먼저 마시며 말한 뒤 여성에게 잔을 건네고 여성도 똑같이 말합니다. "나는 힘을 맛봅니다.")

4. 향을 피우거나 향수 병에서 향기를 맡고 말합니다. "나는 힘의 향을 맡습니다."(둘이 함께할 경우, 여성이 향을 피워야 합니다.)

5. 잠시 눈을 감았다가 뜨면서 말합니다. "나는 힘을 봅니다."

6. 천을 두 손으로 가볍게 눌러 잡으며 말합니다. "나는 힘을 느낍니다."(둘이 함께할 경우, 남성과 여성은 자신의 에너지를 담기 위해 천을 따로 준비해 만집니다.)

이제 주문을 낭송합니다.

> 흙과 공기, 물과 불,
> 내 힘은 더 높은 영역으로 나아간다.
> 나는 오늘 밤 이 힘을 부른다.
> 나는 그 부름을 들었고, 이것은 나의 권리이다.

혼자 수행할 경우, 두 팔을 하늘로 뻗고 말합니다.

"나는 힘이다."

둘이 함께 수행할 경우, 서로 손을 잡고 네 팔을 모두 하늘로 뻗으며 말합니다.

"나는 힘이다."

이제 마무리 주문을 낭독합니다.

> **모든 선을 위하여, 피해가 없게 하소서,**
>
> **주문이 끝났음을 선언합니다!**

마음속으로 의식이 끝났음을 의미하는 문장을 말하며 주문을 마무리합니다. "그리고 그대로 이루어지리라.", "축복이 있으라.", "아멘." 이제, 촛불을 끄고 대형을 해제하세요.

와인을 한 모금 더 마시며 자신을 축하하고, 대형 안에 앉아 잠시 반추하거나 원하는 마법 활동을 해보세요. 점성 카드 읽기, 수정 응시, 좋아하는 마법 도구 다루기 등을 할 수 있습니다. 행운을 빕니다!

결정하기 - 진자 주문

진자에 대하여

이 책의 목적에 한하여, 진자는 사용자의 내면 혹은 잠재의식으로부터 '예'와 '아니오'에 대한 대답을 받아내, 무언가를 결정하고 명확하게 하는 데 도움을 줍니다. 하지만 진자의 용도는 이것에 그치지 않습니다. 사람들은 답을 찾는 것 이상의 목적을 가지고 진자를 사용합니다. 예를 들어, 치유사들은 신체적, 영적 불균형을 찾아내는 데 진자를 사용합니다.

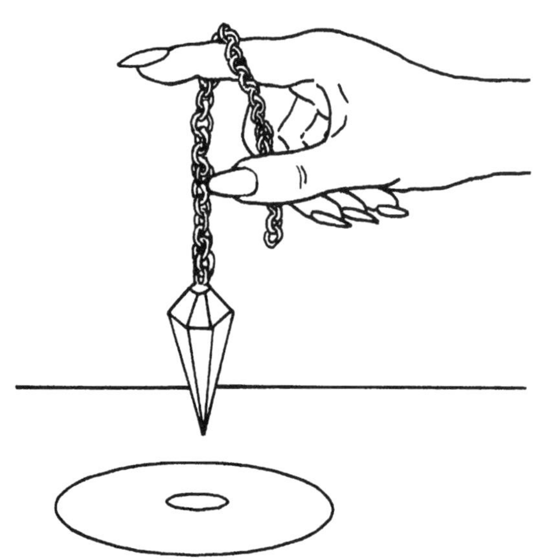

진자는 또한 '다우징(Dowsing)'이라는 오래된 탐사 기술에 쓰이기도 하는데, 물이나 금속 등 숨겨진 것을 찾는 데 쓰입니다. 실종된 사람이나 사라진 사물을 찾는 데에도 활용되죠.

저는 집 안에서 물건을 잃어버렸을 때 진자를 꺼내 물건이 어디에 있는지 물어봅니다. 그러면 진자는 물건이 있는 방향을 가리킵니다. 대부분의 경우, 놀랍도록 정확했습니다. 집 안에서 찾지 못하면 창가로 가서 섭니다. 진자가 창문 방향을 가리키면, 물건이 집 밖에 있다는 뜻입니다.

또한, 상대방이 진실을 말하고 있는지 아닌지에 대한 통찰을 얻을 수도 있습니다. 진자의 궁극적인 목적은 '미래'가 아닌 '현재'에 대한 질문을 다루는 것입니다.

진자는 혼자 사용할 수도 있고, 다른 사람과 함께 사용할 수도 있습니다. 타인의 질문에 도움을 주는 경우, 당신의 잠재의식은 텔레파시를 통해 상대방의 무의식을 포착할 것입니다.

다음은 진자를 사용하기 적합한 질문의 예시입니다.

- 지금 만나고 있는 사람이 나와의 관계를 진지하게 생각하고 있나요?
- 지금 살고 있는 곳에서 이사를 가야 할까요?
- 다른 직장의 스카우트 제안을 수락하면 행복해질까요?
- 지금 새로운 사업을 시작하는 것이 나에게 이로울까요?
- 지금 시점에서 좀 더 영적인 길을 따라야 할까요?

진자 주문은 반드시 '예' 또는 '아니오'로 답할 수 있는 질문에만 쓸 수 있다는 점을 기억하기 바랍니다. 또한, 당신이 무의식에 접속해 인생에서 진정으로 원하는 것이 무엇인지, 모든 수준에서 진정한 행복과 충족감을 가져다줄 수 있는 건 무엇인지 알아내기 위해 노력하고 있다는 것도 기억하도록 하세요.

진자는 현재의 상황, 사건, 일반적인 의사 결정에 대해 풍부한 정보를 제공하므로 당신은 큰 안도감을 느낄 수 있습니다. 더 이상 사람이나 선택사항에 대해 집착할 필요가 없습니다.

정리하자면, 어떤 일에 대해 무엇을 해야 할지 결정하지 못하겠을 때나 누군가가 어떤 상황에 대해 진실을 말하고 있는지 알고 싶을 때 진자를 사용해 보세요. 미래에 관한 질문을 던진다면, 진자는 실제로 일어날 일이 아니라 당신의 잠재의식이 원하고 있는 것을 알려주기 때문에 실망할 수 있습니다. 올바르게 사용해야 진자의 가치와 잠재력을 제대로 체험할 수 있습니다.

진자 활용법

진자를 사용하지 않을 때는 주머니나 용기에 보관하세요. 외부 에너지나 진동에 노출된 채로 두는 것은 좋지 않습니다. 주기적으로 찬물로 씻어 깨끗하게 유지하고 마지막으로 사용했을 때 묻은 진동을 제거하세요. 진자의 에너지가 혼란스럽거나 무겁게 느껴질 때, 불편한 기운이 감지될 때는 깨끗하게 닦는 것을 추천합니다. 하지만 직감대로 하는 것이 가장 중요합니다.

어떤 사람은 진자를 전혀 정화하지 않기도 합니다. 진자가 사용될수록 자신의 진동으로 채워지며 점점 더 강력해진다고 믿기 때문입니다. 하지만 누군가가 진자를 빌려 쓴 경우에는 꼭 씻어 두거나 초승달, 상현달, 보름달의 달빛 혹은 태양 아래에 두어 정화해야 합니다.

다른 사람과 함께 진자를 사용하는 것도 괜찮습니다. 단, 모든 참여자가 같은 질문에 집중하고 있어야 하며, 자신의 차례가 오면 무슨 질문을 할지 관심을 두지 않아야 합니다. 사람들과 함께 사용하는 건 매우 흥미롭고 신나는 일입니다. 그러나 정말 중요한 사안을 다룰 때 혼자 수행하는 것이 더 적절합니다. 2가지 방식 모두 시도해 보고 자신에게 맞는 방법을 찾으세요.

야외에서 하는 것이 좋은지, 실내에서 하는 것이 좋은지 물어보기도 하는데, 이는 선택하기 나름입니다. 하지만 보름달 밤에 행하는 진자 주문은 정말로 특별한 경험이 될 것입니다!

진자는 정말로 울림을 퍼트립니다. 꼭 보름달이 뜬 날 밖으로 나가 앉아 있을 필요는 없습니다. 단지 그 에너지를 느끼기만 해도 충분합니다.

진자 만들기

진자는 뉴에이지 소품점이나 인터넷 사이트에서 큰 돈을 들이지 않고 구매할 수 있습니다. 직접 만들어서 사용할 수도 있죠. 기본적으로 진자는 실이나 체인에 물체가 매달려 있는 장치로, 240쪽의 그림처럼 중력에 의해 앞뒤로 흔들리는 원리를 이용합니다.

진자는 보통 자수정, 투명한 수정 같은 원석 또는 유리, 나무, 황동, 기타 금속 재질로 만들어집니다. 뾰족한 원석이 달린 목걸이를 진자로 사용할 수도 있습니다. 또는 십자가, 반지, 코르크마개(넓은 면이 위로 향하도록) 등을 체인이나 실에 매달아 활용할 수 있습니다.

수행에 필요한 마법 도구들

주문에 필요한 도구들은 선택한 대형에 따라 아래와 같이 준비합니다.

준비물

- 진자 1개
- 원이 그려진 종이 또는 판지 : 진자의 표적으로 활용합니다. 명확하게 표적이 될 수 있고 평평한 테이블이나 바닥에 놓을 수 있는 것이면 모두 활용 가능합니다. 25센트 동전, 단추, 심지어는 CD의 구멍도 써본 적이 있답니다!

양초

이 주문에는 3가지의 양초가 필요합니다. 하얀색 양초 1개와 보라색 양초 2개.

하얀색 양초는 시전자와 표적판 앞쪽이자 삼각형의 정중앙에 놓습니다. 보라색 양초 2개는 뒤쪽 좌우 모서리에 하나씩 배치합니다.

대형

모든 주문은 문 서클을 그리는 것에서 시작합니다. 문 서클은 당신을 보호하는 마법의 방패 역할을 합니다. 삼각형이나 사각형 대형을 그릴 경우에도 원을 먼저 그리고 그 안에 대형을 형성해야 합니다.

이 주문에 가장 적합한 대형은 삼각형입니다. <다양한 대형 만들기> 섹션에서 소개한 방법에 따라 대형을 만드세요. 이때 사용할 수 있는 도구로는 지팡이, 칼, 지시하기 위해 쭉 뻗은 손가락, 소금, 그 밖에 개인적으로 선택한 재료 등이 있습니다.

바라보아야 할 방향

북쪽을 향할 때 가장 효과적입니다. 앞서 언급한 방식대로 양초를 배치하고, 다른 도구나 강화 아이템들은 시전자가 북쪽을 바라보고 앉았을 때 앞에 오도록 놓아둡니다.

달의 위상

보름달 또는 상현달 시기에 수행했을 때 가장 좋은 효과를 보입니다. 달이 점점 차오르는 것처럼 충만하고 명확한 무언가를 얻길 노력하는 마음이 담기기 때문입니다.

요일

일요일 또는 월요일에 수행하는 것이 가장 좋습니다. 다른 요일에 진행해도 크게 상관은 없습니다.

주문에 깊이를 더하는 마법 도구들

다음에 소개하는 항목들은 주문에 차원의 깊이를 더하고 스스로에게

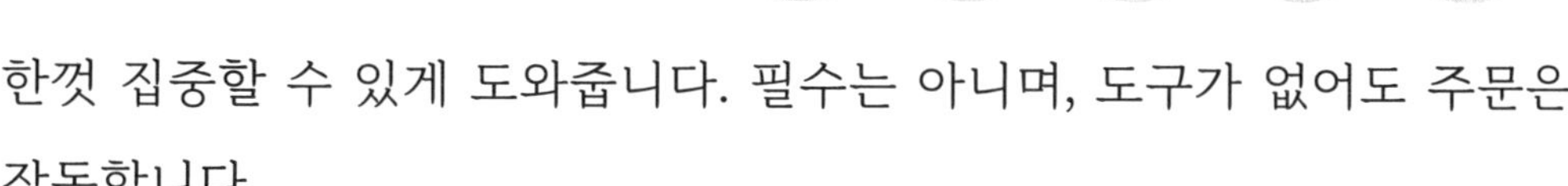

한껏 집중할 수 있게 도와줍니다. 필수는 아니며, 도구가 없어도 주문은 작동합니다.

원석

주문에 가장 적합한 원석은 자수정과 투명한 수정입니다. 만약 다른 원석을 사용하고 싶다면, 그것을 시전자 앞에 두세요.

향

주문을 강화할 향으로는 유향, 재스민, 세이지가 좋습니다. 향은 대형 내부에 안전하게 두되, 불을 붙일 때는 대형 밖에서 수행하도록 합니다.

음악

평소 음악을 좋아하고 주문에 방해가 되지 않는다면 저주파의 평온하고 부드러운 분위기의 연주곡을 선택해 보세요. 당신이 편안하게 느끼는 음악이라면 무엇이든 괜찮습니다.

진자 주문을 시작하기 전에

방해받지 않는 환경을 만드세요.

가능하다면 휴대폰은 꺼두세요.

차분한 음악을 틀어 주세요.

조명을 은은하게 낮춥니다.

주문을 시작하기 전에 손을 씻거나 샤워를 하세요.

사용할 향이 있다면 미리 피워 두세요.

필요한 모든 도구를 준비하고 가까운 곳에 놓아두세요.

대형을 그리세요.

이제 촛불을 켤 시간입니다. 양초가 2개인 경우, 표적 양쪽에 하나씩 배치합니다. 3개인 경우에는 삼각형 형태로 배열합니다. 바닥에 앉아 있다면 시전자 주변을 둘러 배치하고, 테이블이나 단이 있다면 그 위에 삼각형 형태를 만들어 시전자 앞쪽에 놓이게 하세요. 숫자 3에는 힘이 담겨 있으므로, 삼각형의 꼭짓점이 당신 앞에 놓여야 합니다.

더 높은 힘에게 이 정보가 당신을 통해 흐르도록 허락해 달라고 요청하세요.

진자를 사용하여 "예/아니오."의 답을 얻는 방법

표적을 앞에 놓습니다. 한 손으로 진자의 줄을 잡고, 진자의 뾰족한 끝이 표적 중앙의 원으로부터 약 1인치(2.5cm) 위에 자리하도록 합니다. 팔꿈치는 굽혀도 되고 펴도 되지만 구부리는 편이 더 수월합니다. 진자가 움직이지 않도록 유지합니다. "멈춰.", "가만히.", "고요히." 등의 말을 입밖으로 내거나 마음속으로 말하면 도움이 됩니다.

진자가 완전히 멈춘 상태가 되면, 이제 '예'와 '아니오'의 방향을 결정해야 합니다. 이 방향은 매번 다르므로, 표적에 '예/아니오'의 방향을 표시하지 않습니다.

이제 정답이 반드시 '예'인 질문을 합니다.

"내 이름은 ○○입니까?"

당신이 정답을 말했다면, 진자는 이번 의식에서 '예'인 방향을 가리킬 것입니다. 다음으로 정답이 반드시 '아니오'인 질문을 합니다. 이때 진자는 '예'라고 한 방향과 다른 방향으로 움직여야 합니다.

만약 진자의 반응이 명확하지 않다면, 명확한 '예/아니오' 방향이 나올 때까지 과정을 반복합니다. 이제 이번 의식의 '예/아니오' 방향이 결정되었습니다. 방향은 매번 바뀌므로 의식 때마다 이 과정을 진행해야 합니다. 질문이 끝날 때마다 할 필요는 없으며, 24시간 또는 그 이상의 시간이 지났을 때 다시 실행하면 됩니다.

절차가 모두 끝났다면 이제 원하는 모든 질문을 할 수 있습니다. (하지만 너무 과하게 질문하진 마세요!) 진자의 바늘이 빙글빙글 돌거나 해석하기 어려운 방향으로 움직인다면, 잠시 중단하고 처음부터 다시 시작합니다. 그래도 뚜렷한 반응이 나타나지 않으면, 진자를 치우고 다른 날 다시 시도해 봅니다. 하지만 대부분 이런 문제를 마주치진 않을 겁니다.

손이 떨리거나 약간 움직이는 것이 느껴지더라도 걱정할 필요는 없습니다. 당신의 잠재의식이 뇌를 자극하여 손에 일종의 전기적 신호를 보내기 때문에 진자가 움직이는 것입니다.

진자는 잠재의식과 연결되도록 돕는 도구입니다. 만약 당신이 어떤 결과를 원하고 있는데 진자가 그와 다른 방향을 가리킨다면, 당신의 내면이 전하고자 하는 메시지가 무엇인지 곰곰이 생각해 볼 필요가 있습니다.

"3년 동안 만난 남자가 있어요. 그는 자유로운 영혼이고 일을 좋아하지 않으며 야망도 없어요. 나를 이용하고, 가끔 다른 여자도 만나는 것 같아요. 하지만 여전히 그를 사랑해요. 어쩔 수가 없어요. 그가 변할 수 있을까요? 그는 진짜 나의 운명의 사람일까요?"

예를 들어 이런 질문을 했을 때, 당신은 진자가 '예'라고 답하길 원하지만 '아니오'라고 응답한다면, 그 이유를 잘 생각해 보아야 합니다. 당신이 인정하지 못한 무언가가 있으며, 그 부분을 해결해야 합니다. 무슨 뜻인지 아시겠지요?

마음속으로 의식이 끝났음을 의미하는 문장을 말하며 주문을 마무리합니다. "그리고 그대로 이루어지리라.", "축복이 있으라.", "아멘." 이제, 촛불을 끄고 대형을 해제하세요.

번영을 위한 주문

수행에 필요한 마법 도구들

주문에 필요한 도구들은 선택한 대형에 따라 아래와 같이 준비합니다.

준비물

- 지갑

- 어떤 것도 열 수 없는 열쇠 : 철물점이나 공용 키를 파는 곳에 가서 금색의 키를 구입하세요. 점원이 이상하게 생각하더라도, 주문에 사용할 것이라고 자세히 설명하지 않도록 합니다. 당신의 의도를 드러내지 않는 것이 주문의 힘을 강화하는 데 도움이 됩니다. 반드시 새 열쇠를 사용해야 하며, 집에 굴러다니는 오래된 열쇠는 사용하지 않도록 합니다.

양초

이 주문에는 초록색 양초 4개가 필요합니다. 정사각형 대형의 동서남북 네 방향에 하나씩 배치하세요.

대형

모든 주문은 문 서클을 그리는 것에서 시작합니다. 문 서클은 당신을 보호하는 마법의 방패 역할을 합니다. 삼각형이나 사각형 대형을 그릴 경우에도 원을 먼저 그리고 그 안에 대형을 형성해야 합니다.

이 주문에 가장 적합한 대형은 사각형입니다. <다양한 대형 만들기> 섹션에서 소개한 방법에 따라 대형을 만드세요. 이때 사용할 수 있는 도구로는 지팡이, 칼, 지시하기 위해 쭉 뻗은 손가락, 소금, 그 밖에 개인적으로 선택한 재료 등이 있습니다.

바라보아야 할 방향

동쪽을 향할 때 가장 효과적입니다. 앞서 언급한 방식대로 양초를 배치하고, 다른 도구나 강화 아이템들은 시전자가 동쪽을 바라보고 앉았을 때 앞에 오도록 놓아둡니다.

달의 위상

초승달, 상현달, 보름달 시기에 수행할 때 가장 효과가 좋습니다. 달이 차오르듯 무언가를 끌어올리기 위해 노력하는 마음이 담겨 있기 때문입니다.

요일

주문을 수행하기에 가장 좋은 요일은 일요일, 수요일, 목요일입니다.

주문에 깊이를 더하는 마법 도구들

다음에 소개하는 항목들은 주문에 차원의 깊이를 더하고 스스로에게 한껏 집중할 수 있게 도와줍니다. 필수는 아니며, 도구가 없어도 주문은 작동합니다.

원석

주문에 가장 적합한 원석은 황철석(Pyrite), 그린 투말린, 투명한 수정입니다. 만약 다른 원석을 사용하고 싶다면, 그것을 시전자 앞에 두세요.

향

주문을 강화할 향으로는 바닐라, 민트, 올스파이스가 좋습니다. 향은 대형 내부에 안전하게 두되, 불을 붙일 때는 대형 밖에서 수행하도록 합니다.

음악

평소 음악을 좋아하고 주문에 방해가 되지 않는다면 기분을 고양시키는 연주곡을 선택해 보세요. 당신이 편안하게 느끼는 음악이라면 무엇이든 괜찮습니다.

주문을 시작하기 전에

방해받지 않는 환경을 만드세요.

가능하다면 휴대폰은 꺼두세요.

차분한 음악을 틀어 주세요.

조명을 은은하게 낮춥니다.

주문을 시작하기 전에 손을 씻거나 샤워를 하세요.

사용할 향이 있다면 미리 피워 두세요.

필요한 모든 도구를 준비하고 가까운 곳에 놓아두세요.

대형을 그리세요.

더 높은 힘에게 이 정보가 당신을 통해 흐르도록 허락해 달라고 요청하세요.

당신 앞쪽에 두지 않은 양초 3개에 불을 붙이세요.

확언

주문을 시작하기 전에, 대형 안에서 낭독하세요.

> 재정적 안정성을 허용할 수 있도록 허락합니다. 나의 길을 막는 모든 장애물을 내려놓습니다. 영적 충만함을 찾기 위해 가난 속에 살아야 할 필요는 없다는 것을 압니다.
> 나는 풍요로운 삶을 누릴 자격이 없다고 느끼게 하는 모든 생각을 떠나보냅니다. 지금 이 순간부터 풍요와 번영이 내게 울려 퍼지길 바랍니다. 그리고 그대로 이루어지리라.

주문 수행 방법

열쇠를 사용해 앞에 있는 양초 옆면에 '번영'이라는 단어를 새겨 넣고 불을 붙입니다. 열쇠를 당신의 지갑 안에 넣습니다.

이제 다음의 주문을 낭송하세요.

> 대지와 바람, 태양과 바다가
> 이 특별한 열쇠에 마법을 담아 주네.
> 나의 돈은 달과 함께 자라나니,
> 풍요로움이 여기 머물게 하소서.

마음속으로 의식이 끝났음을 의미하는 문장을 말하며 주문을 마무리합니다. "그리고 그대로 이루어지리라.", "축복이 있으라.", "아멘." 이제, 촛불을 끄고 대형을 해제하세요.

안전한 여행을 위한 주문

이 주문은 날씨에 따라 이틀 이상 진행되며, 2단계로 나뉩니다. 가장 좋은 시점은 날씨가 맑고 청명한 날입니다.

수행에 필요한 마법 도구들

주문에 필요한 도구들은 선택한 대형에 따라 아래와 같이 준비합니다.

준비물

- 부적 : 시전자에게 특별한 의미가 있는 장식물이나 원석으로, 목걸이에 걸어 착용할 수 있습니다. 십자가, 펜타그램, 수정, 동물 형태로 된 것을 써도 됩니다. 이미 착용 중인 목걸이를 사용해도 되지만 설정을 한 후에 쓰도록 합니다.
- 정령수
- 부적을 담을 그릇, 컵, 혹은 성배

양초

의식 첫날에는 3가지 양초가 필요합니다. 은색 또는 회색, 갈색, 빨간색 양초.

시전자 앞쪽에 나란히 놓되, 가장 왼쪽에는 은색 또는 회색, 가운데에는 갈색, 가장 오른쪽에는 빨간색 양초를 둡니다.

둘째 날에는 하얀색 양초를 시전자 앞 중앙에 배치합니다.

대형

모든 주문은 문 서클을 그리는 것에서 시작합니다. 문 서클은 당신을 보호하는 마법의 방패 역할을 합니다. 삼각형이나 사각형 대형을 그릴 경우에도 원을 먼저 그리고 그 안에 대형을 형성해야 합니다.

이 주문에 가장 적합한 대형은 원입니다. <다양한 대형 만들기> 섹션에서 소개한 방법에 따라 대형을 만드세요. 이때 사용할 수 있는 도구로는 지팡이, 칼, 지시하기 위해 쭉 뻗은 손가락, 소금, 그 밖에 개인적으로 선택한 재료 등이 있습니다.

바라보아야 할 방향

북쪽을 향할 때 가장 효과적입니다. 앞서 언급한 방식대로 양초를 배치하고, 다른 도구나 강화 아이템들은 시전자가 북쪽을 바라보고 앉았을 때 앞에 오도록 놓아둡니다.

달의 위상

초승달이나 상현달 시기에 수행하는 것이 가장 좋습니다. 달이 차오르듯 무언가가 차오르길 바라는 마음이 담기기 때문입니다.

요일

요일에 상관없이 언제든지 수행할 수 있습니다.

주문에 깊이를 더하는 마법 도구들

다음에 소개하는 항목들은 주문에 차원의 깊이를 더하고 스스로에게

한껏 집중할 수 있게 도와줍니다. 필수는 아니며, 도구가 없어도 주문은 작동합니다.

원석

주문에 가장 적합한 원석은 터키석, 호안석입니다. 만약 다른 원석을 사용하고 싶다면, 그것을 시전자 앞에 두세요.

향

주문을 강화할 향으로는 백단유, 계피, 라벤더가 좋습니다. 향은 대형 내부에 안전하게 두되, 불을 붙일 때는 대형 밖에서 수행하도록 합니다.

음악

평소 음악을 좋아하고 주문에 방해가 되지 않는다면 조용하고 편안한 연주곡을 선택해 보세요. 당신이 편안하게 느끼는 음악이라면 무엇이든 괜찮습니다.

주문을 시작하기 전에

방해받지 않는 환경을 만드세요.

가능하다면 휴대폰은 꺼두세요.

차분한 음악을 틀어 주세요.

조명을 은은하게 낮춥니다.

주문을 시작하기 전에 손을 씻거나 샤워를 하세요.

사용할 향이 있다면 미리 피워 두세요.

필요한 모든 도구를 준비하고 가까운 곳에 놓아두세요.

대형을 그리세요.

더 높은 힘에게 이 정보가 당신을 통해 흐르도록 허락해 달라고 요청하세요.

확언

주문을 시작하기 전에, 대형 안에서 낭독하세요.

여행 중 안전과 안정감을 느끼는 것은 내게 매우 중요한 일입니다. 짧든 길든 어떤 여정을 떠날 때, 한층 더 강한 보호망이 함께한다는 생각만으로도 큰 위안을 느낍니다.

내가 기도하는 (믿는 신 혹은 더 높은 힘의 이름)께서 낮 동안 활동할 때나 밤에 잠들었을 때 나를 지켜줄 것임을 알고 있습니다. 사랑과 선의로 나를 돌봐주고 계심을 알기에, 나는 평온을 느낍니다.

주문 수행 방법

▶ 1단계 : 장식물에 마법의 주문을 걸어 부적으로 만듭니다.

장식물이나 원석을 그릇 안에 놓습니다. 정령수를 부어 장식물이 완전히 잠기도록 합니다. 그릇 위에 손을 올리되 물에는 닿지 않게 하고, 손바닥을 아래쪽으로 둡니다. 이제 다음의 주문을 낭송합니다.

이 물을 창조한 정령들이여,

장식물에 보호의 힘을 부여하소서.

의식 대형을 해제하고, 촛불을 끕니다. 그리고 다음과 같이 말합니다.

이로써 모든 것이 완료되었습니다.

부적을 창가나 발코니 혹은 햇빛과 달빛을 받을 수 있는 곳에 두세요. 실내외 모두 가능하며, 24시간 이상 놔둡니다. 흐린 날은 피해야 하며, 날씨가 좋지 않아도 최소 8시간은 햇빛과 달빛을 받도록 놓아둡니다. 부족한 것보단 넘치는 것이 낫습니다. 비가 조금 오더라도 크게 상관없습니다.

▶ 2단계 : 부적이 햇빛과 달빛을 충분히 받았다고 생각되면 의식 수행이 가능한 날에 부적을 물에 담가 두고 대형을 다시 그립니다.

하얀색 초에 불을 켜고 부적은 물 속에 놓아 둔 채 당신 앞에 두세요. 이제 다음의 주문을 낭송합니다.

자연이 이 물건을 축복했도다.
나의 안전이 보장되고, 모든 두려움은 사라졌노라.
나는 이 부적을 강하고 맑게 유지하리라.
한 해 동안 어디를 가든 안전하게 여행할 것이니.

마음속으로 의식이 끝났음을 의미하는 문장을 말하며 주문을 마무리합니다. "그리고 그대로 이루어지리라", "축복이 있으라", "아멘" 등이 있습니다. 그다음, 촛불을 끄고 대형을 해제하세요.

이 부적은 여행할 때만 착용해도 좋고, 매일 착용하거나 필요할 때만 착용해도 무방합니다. 선택은 당신의 몫입니다. 같은 부적이나 수정을 계속 사용할 경우, 1년에 한 번씩 주문을 수행해 주세요.

특별한 목적을 위한 주문

이 주문은 책에 포함되지 않은 모든 주문을 위한 것입니다. 당신만의 의도를 담아 보세요.

수행에 필요한 마법 도구들

주문에 필요한 도구들은 선택한 대형에 따라 아래와 같이 준비합니다.

양초

하얀색 양초 하나가 필요합니다.

대형

모든 주문은 문 서클을 그리는 것에서 시작합니다. 문 서클은 당신을 보호하는 마법의 방패 역할을 합니다. 삼각형이나 사각형 대형을 그릴 경우에도 원을 먼저 그리고 그 안에 대형을 형성해야 합니다.

이 주문에 가장 적합한 대형은 원입니다. <다양한 대형 만들기> 섹션에서 소개한 방법에 따라 대형을 만드세요. 이때 사용할 수 있는 도구로는 지팡이, 칼, 지시하기 위해 쭉 뻗은 손가락, 소금, 그 밖에 개인적으로 선택한 재료 등이 있습니다.

바라보아야 할 방향

북쪽을 향할 때 가장 효과적입니다. 앞서 설명한 대로 양초를 배치하고, 다른 도구나 강화 아이템들은 시전자가 북쪽을 바라보고 앉았을 때 앞에 놓이도록 합니다.

달의 위상

보름달, 초승달, 상현달 시기에 수행하면 가장 큰 효과를 발휘합니다.

요일

요일에 상관없이 언제든지 수행할 수 있습니다.

주문에 깊이를 더하는 마법 도구들

다음에 소개하는 항목들은 주문에 차원의 깊이를 더하고 스스로에게 한껏 집중할 수 있게 도와줍니다. 필수는 아니며, 도구가 없어도 주문은 작동합니다.

원석

주문에 가장 적합한 원석은 투명한 수정입니다. 만약 다른 원석을 사용하고 싶다면, 그것을 시전자 앞에 두세요.

향

주문을 강화할 향으로는 재스민이 좋습니다. 향은 대형 내부에 안전하게 두되, 불을 붙일 때는 대형 밖에서 수행하도록 합니다.

음악

평소 음악을 좋아하고 주문에 방해가 되지 않는다면 클래식, 어쿠스틱, 뉴에이지 장르의 음악을 선택해 보세요. 당신이 편안하게 느끼는 음악이라면 무엇이든 괜찮습니다.

주문을 시작하기 전에

방해받지 않는 환경을 만드세요.

가능하다면 휴대폰은 꺼두세요.

차분한 음악을 틀어 주세요.

조명을 은은하게 낮춥니다.

주문을 시작하기 전에 손을 씻거나 샤워를 하세요.

사용할 향이 있다면 미리 피워 두세요.

필요한 모든 도구를 준비하고 가까운 곳에 놓아두세요.

대형을 그리세요.

더 높은 힘에게 이 정보가 당신을 통해 흐르도록 허락해 달라고 요청하세요.

확언

주문을 시작하기 전에, 대형 안에서 낭독하세요.

나는 오늘 밤 한 가지의 특별한 소망에 에너지를 집중합니다. 그 소망은 바로 (소망의 내용)입니다. 이 소망을 실현할 수 있는 힘이 존재함을 압니다. 그 힘이 나오는 자원에 감사드립니다.

이 특별한 의도에 관한 메시지가 내 의식에 가득 차기를 바랍니다. 신성한 의지가 이 시점에서 나를 위해 가장 좋은 일을 행할 것임을 알고, 자신감 있게 나아갑니다. 이 일이 현실로 이루어지기를 바랍니다.

 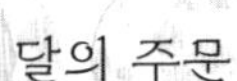 

주문 수행 방법

다음 문장을 소리 내어 또는 마음속으로 말하세요.

> 우주의 가장 높은 힘의 권능 안에서 나는 (소망의 내용)을/를 요청합니다. 감사합니다. 그대로 이루어지리라.

이제 다음의 주문을 낭송합니다.

> 달이여, 오, 달이여, 내 소망을 들으소서,
> 땅은 물로, 바람은 불로 이어지니,
> 나는 이 요청을 한 번 말하고, 세 번 되뇌이니,
> 내 소망이 조화롭게 이루어지길 원합니다.

마음속으로 의식이 끝났음을 의미하는 문장을 말하며 주문을 마무리합니다. "그리고 그대로 이루어지리라.", "축복이 있으라.", "아멘." 이제, 촛불을 끄고 대형을 해제하세요.

하얀빛 보호 주문

책 초반부에서 언급한 바와 같이, 어떤 주문을 수행하기 전에 자신과 대형을 하얀빛으로 보호해야 합니다. 여전히 유효한 말입니다. 이 주문은 더 강력한 보호를 제공합니다.

당신이 두려움을 느낄 때, 타인 혹은 무언가를 당신에게서 멀어지게 하고 싶을 때 이 주문을 수행하세요. 생명이 있는 존재든 무생물이든 상관없습니다. 당신 삶에 일어날 것 같거나 이미 발생한 험담, 불운, 금전 손실, 부정적인 기운 등도 해당됩니다.

이 주문은 매우 강력하므로, 필요한 요소들의 목적에 대해 좀 더 자세히 설명하겠습니다. 대형으로 원을 선택하는 것이 가장 최선인 이유는 어떤 것도 들어오지 못하게 하기 때문입니다. 원은 재진입으로부터 모든 것을 보호합니다. 또한 당신은 동쪽을 바라보아야 하는데, 동쪽의 진동은 새로운 시작과 힘을 기르는 것을 의미하기 때문입니다. 해는 동쪽에서 떠오르며 어둠을 몰아냅니다.

수행에 필요한 마법 도구들

주문에 필요한 도구들은 선택한 대형에 따라 아래와 같이 준비합니다.

양초

하얀색 양초 3개가 필요하며, 시전자 앞에 일렬로 놓습니다.

대형

모든 주문은 문 서클을 그리는 것에서 시작합니다. 문 서클은 당신을 보호하는 마법의 방패 역할을 합니다. 삼각형이나 사각형 대형을 그릴 경우에도 원을 먼저 그리고 그 안에 대형을 형성해야 합니다.

이 주문에 가장 적합한 대형은 원입니다. <다양한 대형 만들기> 섹션에서 소개한 방법에 따라 대형을 만드세요. 이때 사용할 수 있는 도구로는 지팡이, 칼, 지시하기 위해 쭉 뻗은 손가락, 소금, 그 밖에 개인적으로 선택한 재료 등이 있습니다.

바라보아야 할 방향

동쪽을 향할 때 가장 효과적입니다. 앞서 설명한 대로 양초를 배치하고, 다른 도구나 강화 아이템들은 시전자가 동쪽을 바라보고 앉았을 때 앞에 놓이도록 합니다.

달의 위상

그믐달 또는 하현달 시기에 수행하면 효과가 가장 좋습니다. 무언가를 물리치는 형태를 띠기 때문입니다.

요일

요일에 상관없이 언제든지 수행할 수 있습니다.

주문에 깊이를 더하는 마법 도구들

다음에 소개하는 항목들은 주문에 차원의 깊이를 더하고 스스로에게 한껏 집중할 수 있게 도와줍니다. 필수는 아니며, 도구가 없어도 주문은 작동합니다.

원석

주문에 가장 적합한 원석은 흑요석입니다. 만약 다른 원석을 사용하고 싶다면, 그것을 시전자 앞에 두세요.

향

주문을 강화할 향으로는 유향이 좋습니다. 향은 대형 내부에 안전하게 두되, 불을 붙일 때는 대형 밖에서 수행하도록 합니다.

음악

평소 음악을 좋아하고 주문에 방해가 되지 않는다면 클래식, 어쿠스틱, 뉴에이지 음악 등을 선택해 보세요. 당신이 편안하게 느끼는 음악이라면 무엇이든 괜찮습니다.

주문을 시작하기 전에

방해받지 않는 환경을 만드세요.

가능하다면 휴대폰은 꺼두세요.

차분한 음악을 틀어 주세요.

조명을 은은하게 낮춥니다.

주문을 시작하기 전에 손을 씻거나 샤워를 하세요.

사용할 향이 있다면 미리 피워 두세요.

필요한 모든 도구를 준비하고 가까운 곳에 놓아두세요.

대형을 그리세요.

더 높은 힘에게 이 정보가 당신을 통해 흐르도록 허락해 달라고 요청하세요.

확언

대형 안에 앉아 있을 때, 땅에서부터 지붕을 지나 하늘로 이어지는 빛의 원을 상상해 보세요. 그 빛은 당신의 마법 영역을 감싸고 우주로 뻗어 나가, 누구도 닿을 수 없는 곳까지 올라갑니다.

모든 것을 에워싼 하얀빛의 시각화를 몇 초 동안 유지하세요. 그 다음 편안한 상태에서 원이 사라지는 것을 지켜보세요. 그 빛의 힘은 여전히 남

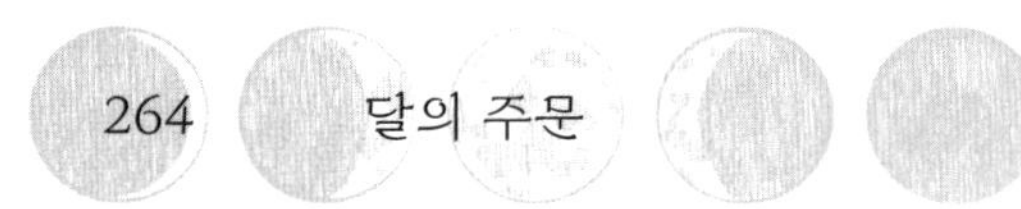

아 있을 것입니다. 이제 다음의 주문을 낭송하세요.

> 이 보호의 빛은 나를 강하게 하며,
> 불길한 의도나 고난은 더 이상 다가올 수 없습니다.
> 그 누구도 나를 해치거나
> 내 영혼을 약하게 만들 수 없으며,
> 나의 빛은 나의 무기요, 평화는 나의 목표입니다.

마음속으로 의식이 끝났음을 의미하는 문장을 말하며 주문을 마무리합니다. "그리고 그대로 이루어지리라.", "축복이 있으라.", "아멘." 이제, 촛불을 끄고 대형을 해제하세요.

이 주문은 최소한 일주일에 한 번 또는 삶이 힘들 때나 특별한 도움이 필요하다고 느낄 때 종종 수행하면 좋습니다.

PART IV

빛의 등불

월요일에 태어난 아이는 얼굴이 곱고,
화요일에 태어난 아이는 은총이 가득하며,
수요일에 태어난 아이는 마음이 깊고 사려 깊으며,
목요일에 태어난 아이는 큰 꿈을 향해 나아간다.
금요일에 태어난 아이는 사랑이 많고 베풀 줄 알며,
토요일에 태어난 아이는 삶을 위해 열심히 일하고,
안식일에 태어난 아이는 아름답고, 지혜롭고, 선하며, 기쁨이 가득하다.

— 작자 미상

서문

이어지는 부가적인 주제들은 당신이 가지고 있을 수도 있는 어떤 특성을 더 잘 이해하기 위한 일반적인 가이드입니다. 인생의 길을 안내해 줄 '추가적인 빛'인 것이죠.

재밌고 흥미로운 정보들이지만 가장 간단하고 기본적인 형태라는 걸 이해해 주세요. 해당 주제를 더 많이 연구할수록 새로운 관심사나 취미가 생길 것입니다. 당신이 생각하는 것들을 바라보세요. 그리고 기억하길 바랍니다. 눈을 감고 있다면 빛이 무슨 소용이 있을까요?

•19•
중국 점성술

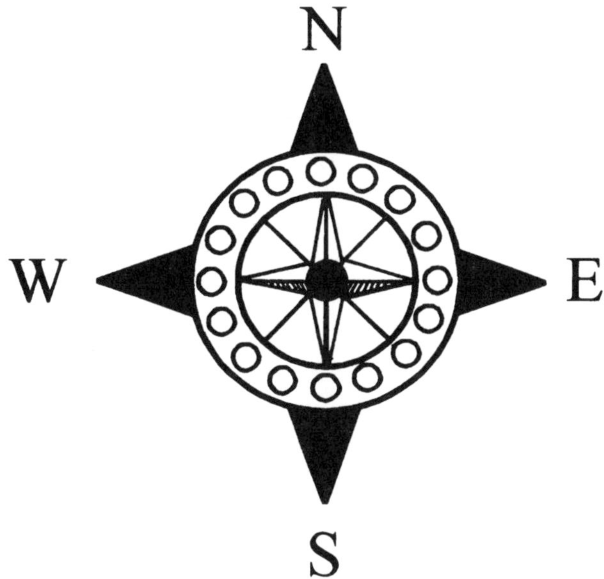

중국 점성술은 달의 주기에 기반한 12년짜리 순환을 대표하는 12마리의 동물과 연관이 있습니다. 십이지신을 이용해, 사람의 성격과 태어난 연도에 따른 본성을 묘사합니다.

당신이 어떤 동물에 해당하는지 알고 싶다면 268쪽의 '중국 점성술 연도표'를 살펴보세요. 태어난 연도를 찾으면 해당하는 동물을 쉽게 찾을 수

있습니다. 각 동물의 특성은 성격의 주요 특성과 연결됩니다.

또한, 각 연도에 해당하는 원소들도 나열되어 있는데, 동물이 같더라도 태어난 연도에 따라 원소가 다르다는 사실을 알 수 있습니다. 예를 들어, 1960년에 태어난 사람은 동물은 쥐, 원소는 금(속)인데 1948년에 태어난 사람은 동물은 쥐이지만 원소는 흙입니다. 이 두 사람은 공통점도 있지만 미묘한 차이도 가지고 있는 것이죠.

중국 점성술 연도표

연도	띠(동물)	오행 (원소)	연도	띠(동물)	오행 (원소)
1900	쥐	금(속)	1954	말	나무
1901	소	금	1955	양	나무
1902	호랑이	물	1956	원숭이	불
1903	토끼	물	1957	닭	불
1904	용	나무	1958	개	흙
1905	뱀	나무	1959	돼지	흙
1906	말	불	1960	쥐	금
1907	양	불	1961	소	금
1908	원숭이	흙	1962	호랑이	물
1909	닭	흙	1963	토끼	물
1910	개	금	1964	용	나무
1911	돼지	금	1965	뱀	나무
1912	쥐	물	1966	말	불
1913	소	물	1967	양	불
1914	호랑이	나무	1968	원숭이	흙
1915	토끼	나무	1969	닭	흙
1916	용	불	1970	개	금
1917	뱀	불	1971	돼지	금

연도	띠(동물)	오행 (원소)	연도	띠(동물)	오행 (원소)
1918	말	흙	1972	쥐	물
1919	양	흙	1973	소	물
1920	원숭이	금	1974	호랑이	나무
1921	닭	금	1975	토끼	나무
1922	개	물	1976	용	불
1923	돼지	물	1977	뱀	불
1924	쥐	나무	1978	말	흙
1925	소	나무	1979	양	흙
1926	호랑이	불	1980	원숭이	금
1927	토끼	불	1981	닭	금
1928	용	흙	1982	개	물
1929	뱀	흙	1983	돼지	물
1930	말	금	1984	쥐	나무
1931	양	금	1985	소	나무
1932	원숭이	물	1986	호랑이	불
1933	닭	물	1987	토끼	불
1934	개	나무	1988	용	흙
1935	돼지	나무	1989	뱀	흙
1936	쥐	불	1990	말	금
1937	소	불	1991	양	금
1938	호랑이	흙	1992	원숭이	물
1939	토끼	흙	1993	닭	물
1940	용	금	1994	개	나무
1941	뱀	금	1995	돼지	나무
1942	말	물	1996	쥐	불
1943	양	물	1997	소	불
1944	원숭이	나무	1998	호랑이	흙
1945	닭	나무	1999	토끼	흙

연도	띠(동물)	오행 (원소)	연도	띠(동물)	오행 (원소)
1946	개	불	2000	용	금
1947	돼지	불	2001	뱀	금
1948	쥐	흙	2002	말	물
1949	소	흙	2003	양	물
1950	호랑이	금	2004	원숭이	나무
1951	토끼	금	2005	닭	나무
1952	용	물	2006	개	불
1953	뱀	물	2007	돼지	불

십이지신에 해당하는 동물의 특성

쥐 : 매력, 지능

쥐의 영향력 아래에서 태어난 사람은 역동적이고 활발한 삶을 삽니다. 그들은 돈 문제에 극단적으로 행동하곤 하는데, 때로는 너무 관대했다가 어떨 때는 엄청 절약하기도 합니다. 쥐는 게으르지 않고 모험을 사랑하며 스릴을 추구합니다. 사랑의 감정을 잘 조절하는데, 그들을 일단 알게 되면 매우 매력적으로 느껴질 겁니다.

소 : 진취적인, 안정성

소의 영향력 아래 태어난 사람은 매우 상식적이고 현실적입니다. 열심히 일하는 것을 꺼리지 않고 목표를 이룰 때까지 노력합니다. 그들은 매우 충실하고 천천히 사랑에 빠지며, 파트너도 자신과 같길 원합니다.

호랑이 : 용기, 보호

호랑이의 영향 아래에서 태어난 사람은 다른 사람을 끌어당기며 이유만 있다면 언제나 싸울 준비가 되어 있습니다. 그들은 자신만의 현실을 창조하며, 자기 방식으로 일을 처리하는 것을 좋아합니다. 바람둥이 기질이 있고 성욕이 많습니다.

토끼 : 겸손함, 가정 생활

토끼의 영향력 아래에서 태어난 사람은 매우 온화합니다. 섬세한 성격 때문에 창의적인 분야에서 많이 볼 수 있습니다. 논쟁을 좋아하지 않으며, 느긋한 사람들과 어울리려는 경향이 있습니다.

용 : 운수, 행운

용의 영향력 아래에서 태어난 사람은 어떤 유형의 사람, 상황을 만나든 잘 적응합니다. 이성에게 매우 매력적으로 느껴지며 신체적 매력이 강합니다. 개인의 지능 역시 흥미를 유발합니다.

뱀 : 지혜, 재치

뱀의 영향력 아래에서 태어난 사람은 신비롭고 비밀스러운 면이 있습니다. 금전적인 문제를 잘 다루고 재정 문제에 능숙하며, 매력적인 삶을 사는 것처럼 보입니다. 외모가 평균 이상인 경우가 대부분이고 모든 면에서 평균 이상인 상대를 찾습니다. 성과 권력은 그들에게 매우 매력적인 요소입니다.

말 : 세련됨, 열정

말의 영향력 아래에서 태어난 사람은 친구가 많고 유머 감각이 있으며 열정적이고 뭐든 빨리 배우는 경향이 있습니다. 말띠인 사람과 처음 만나면 마치 그 사람을 수년간 알고 지낸 것처럼 느껴지기도 합니다. 말띠인 사람이 사랑에 빠지면 현실적인 사람도 제대로 된 생각을 못할 수 있습니다. 쉽게 사랑에 빠지고 인생 후반부에 가서 정착하는 경우가 많습니다.

양 : 예술, 세심함

양의 영향력 아래에서 태어난 사람은 평화를 사랑하며 불필요한 문제나 혼란을 일으키고 싶어하지 않습니다. 그들은 단체활동을 잘하고 혼자 일하는 것보다 그룹의 일원이 되는 걸 선호합니다. 집을 사랑하며, 혼자보단 결혼을 하거나 파트너를 만들길 원합니다. 태생이 다정하며 사랑받는 것을 좋아합니다.

원숭이 : 상상력, 인기

원숭이의 영향력 아래에서 태어난 사람은 독창적이고 사람, 장소, 사물에 관해 즉각적으로 정확한 결론을 내리곤 합니다. 이들은 빠르게 질려하는 경향이 있어 연인도 자주 바뀝니다. 하지만 일단 함께하기로 결심하면, 아주 흥미롭고 재밌는 파트너가 되어 줍니다.

닭 : 화려함, 자신감

닭의 영향력 아래에서 태어난 사람은 매우 조직적이며, 사업 관련 일을 잘 통제합니다. 그들은 주목받는 것을 좋아하며, 사람들을 재밌게 해주는 것을 즐깁니다. 진정으로 행복을 느낄 수 있는 사람을 만나면 충실해집니다. 하지만 그렇게 되기까진 시간이 좀 걸립니다. 때로 비판적인 말을 해서 파트너와의 관계가 멀어질 수 있기 때문입니다. 이들은 자신의 정직함에 자부심을 느끼며 오직 한 사람하고만 관계를 맺습니다.

개 : 충성심, 보호력

개의 영향력 아래에서 태어난 사람은 훌륭한 인도주의자입니다. 친구나 낯선 사람이 어려움에 처했을 때 손을 내밀며 어떤 대가도 바라지 않습니다. 물질주의적이지 않고 다른 어떤 일보다 사랑하는 사람을 우선시합니다. 한 번 상대를 찾으면 해가 뜨든 폭풍이 몰아치든 모든 순간을 파트너와 함께할 것입니다.

돼지 : 정직과 조화

돼지의 영향력 아래에서 태어난 사람은 아름다운 것들로 둘러싸여 있는 것을 좋아합니다. 사치스럽게 살길 좋아하며 자신이 그럴 만한 가치가 있다고 느낍니다. 열심히 일하고 손이 더러워지는 것도 꺼리지 않지만 그 대가로 보상을 얻어야 합니다. 그들이 재미를 느끼는 건 '모 아니면 도'입니다. 친구들을 극진히 환대하며 성적 욕망에도 귀를 기울입니다. 파트너에게 만족감을 선사하는 것을 극도로 즐기며 사랑하는 이에게 헌신적입니다.

요소들이 가진 의미

금(속)

- 성격의 긍정적인 측면 : 결단력, 말솜씨, 자신감, 힘이 넘치고 활기찬 성향. 자수성가한 사람.
- 변화가 필요한 측면 : 고집스러운 태도, 항상 합리적이거나 상식적이진 않음.
- 삶이 더 나아지기 위한 메시지 : "긴장을 풀고 다른 사람들이 하는 말에 대해 생각해 보세요. 강인함을 잃지 않으면서도 양쪽의 의견을 들음으로써 존중받을 수 있습니다."

나무

- 성격의 긍정적인 측면 : 창의적이고 예술적인 면, 스스로에게 도덕적인 면, 이타적이고 인정이 있음, 모험심, 배우려는 자세
- 변화가 필요한 측면 : 지나치게 이상주의적, 소극적.
- 삶이 더 나아지기 위한 메시지 : "시작한 일은 끝을 보세요. 일관성을 유지하면서 하나의 프로젝트가 성공적으로 끝나기 전까진 다른 일로 넘어가지 않도록 합니다."

물

- 성격의 긍정적인 측면 : 높은 수준의 세심함, 사색가이자 외교술에 능함, 부드럽지만 단호한 설득력. 사람들이 무슨 생각을 하고 무엇을 원하는지 알고 있음.

- 변화가 필요한 측면 : 지나치게 인내하는 것, 목소리를 내기까지 너무 오래 참는 것.
- 삶이 더 나아지기 위한 메시지 : "감정이 판단력을 흐리게 놔두지 마세요. 당신에게 가장 좋은 쪽으로 행동하면 모두에게도 좋을 것입니다. 조금 이기적이어도 괜찮습니다. 모두 당신 곁에 함께 할 것이며 반대하지 않을 것입니다."

불

- 성격의 긍정적인 측면 : 리더십, 판을 움직이고 흔드는 사람, 열정적, 공격적, 강한 자신감, 특출난 의사소통 기술.
- 변화가 필요한 측면 : 때때로 자기중심적임, 인내심 부족, 다른 사람의 관점을 이해하려 하지 않음, 과한 일 중독.
- 삶이 더 나아지기 위한 메시지 : "차분해지세요. 멈춰 서서 장미향을 맡아보세요. 당신의 맹렬한 열정을 일분만 아니라 사랑에도 쏟아 보세요."

흙

- 성격의 긍정적인 측면 : 지혜, 안정성, 논리적 성향, 신뢰, 근면함. 뛰어난 자금 형성 능력. 드러나지 않은 가장 원초적인 성적 매력.
- 변화가 필요한 측면 : 상상력 부족, 살아가면서 긴장을 풀 자격이 없다고 생각해 창의적인 면이 감추어져 있음.
- 삶이 더 나아지기 위한 메시지 : "좀 더 거칠어져 보세요! 당신이 좋아하지 않거나 예측하지 않은 일을 시도해 보세요. 사람들에게 어

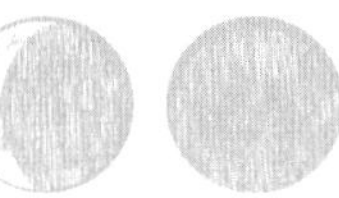

떻게 대해줬으면 하는지, 실제 기분이 어떤지 말해 보세요.”

십이지신 궁합표

이 표는 십이지신 간 상성을 정리한 것입니다.

동물	잘 맞는 동물	안 맞는 동물
쥐	용, 원숭이	말
소	뱀, 닭	양
호랑이	말, 개	원숭이
토끼	양, 돼지	닭
용	원숭이, 쥐	개
뱀	닭, 소	돼지
말	호랑이, 개	쥐
양	돼지, 토끼	소
원숭이	용, 쥐	호랑이
닭	뱀, 소	토끼
개	말, 호랑이	용
돼지	토끼, 양	돼지

★ 참고 사항 : 다른 문화권에서는 동물의 이름이 다르게 불리기도 합니다. 예를 들어, 소는 버팔로, 토끼는 고양이, 양은 염소, 돼지는 맷돼지, 닭은 수탉으로 묘사되기도 합니다.

·20·
수비학

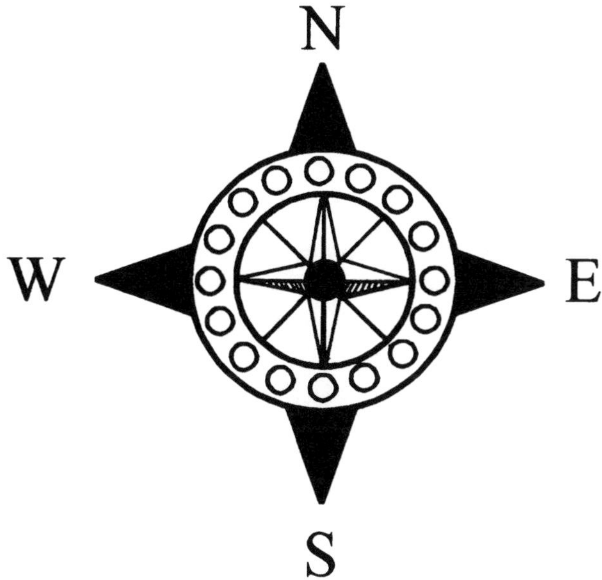

　수비학은 숫자가 가진 의미를 연구한 것입니다. 각 숫자는 메시지와 정의 같은 특별한 진동을 가지고 있다고 여겨집니다. 일반적으로 알려진 수비학의 출발점은 생년월일의 숫자를 모두 더한 다음 인생의 길을 드러내기 위해 하나의 숫자로 줄이는 것입니다. 각 숫자는 특별한 뜻을 담고 있으며 통찰과 목적을 제시합니다.

주의 깊게 살펴보다 보면, 수비학이 얼마나 정확한지 놀랄 것입니다. 수비학은 인생의 길을 결정하는 것뿐만 아니라 거리의 주소명에 따라 어디에 살지 결정하는 데도 도움이 됩니다. 더 많은 정보를 얻고 싶다면 이름도 사용할 수 있습니다.

수비학은 배우기 쉬워서, 한번 알고 나면 수치화된 것들의 숫자를 모두 더하고 있는 자신을 발견하게 될지도 모릅니다. 호텔 방 번호의 숫자를 모두 더해서 좋은 시간을 보낼 수 있을지, 예상치 못한 일이 발생할지 알아볼 수도 있겠죠. 수비학은 재밌고 개인적으로 사용하고 싶을 때 빠르게 배울 수 있습니다. 물론, 전문적인 수비학자가 되고 싶다면 더 많은 시간이 필요하며 숫자의 진동에 대해 공부해야 합니다.

운명의 숫자와 삶의 길을 찾는 법

가장 기본적인 방법은 생년월일을 하나의 숫자가 될 때까지 계산하는 것입니다. 이 규칙에는 2가지의 예외사항이 있습니다. 생년월일을 다 더해서 11이나 22가 나왔다면 그 숫자는 그냥 놔둬야 합니다. 이 숫자들은 마스터 숫자이므로 더 이상 줄이지 않습니다.

먼저, 태어난 달의 숫자와 날짜를 더하고 연도도 더합니다. 4개의 숫자가 나와야 하며, 이 숫자를 다시 더해 2개의 숫자가 나오게 합니다. 마지막으로, 2개의 숫자를 더해서(11 또는 22는 제외) 1개의 숫자로 만들면 그 숫자가 당신의 인생 길 숫자입니다.

예를 들어 보겠습니다. 메리 존스(Mary Jones)는 1958년 5월 15일에 태어났습니다. 5/15/1958 숫자를 모두 더하면 다음의 수가 나오죠.

태어난 달 : 5

태어난 날짜 : 15

태어난 연도 : 1958

합계 : 1978

4개의 숫자를 각각 더해서 숫자의 수를 줄여 보겠습니다 : 1 + 9 + 7 + 8 = 25

이제 25라는 숫자 2개를 줄여서 1개의 숫자로 만들어 보겠습니다 : 2 + 5 = 7

메리 존스의 삶의 길 숫자는 7입니다.

이번에는 예외사항에 대한 예시를 들어 보겠습니다. 존 스미스(John Smith)는 1963년 1월 29일에 태어났습니다. 1/29/1963 숫자를 모두 더하면 다음과 같습니다.

태어난 달 : 1

태어난 날짜 : 29

태어난 연도 : 1963

합계 : 1993

각각의 숫자를 더해서 숫자의 수를 줄여 보겠습니다 : 1 + 9 + 9 + 3 = 22

22는 마스터 숫자이므로 이 수가 나오면 그냥 두면 됩니다. 기억하세요. 오직 22와 11만 예외이며 다른 숫자들은 1개의 숫자만 남을 때까지 모두 더해야 합니다.

숫자 해석

다음에 나와 있는 숫자의 정의는 기본적인 해석입니다.

1 (One)

- 개인적인 해석 : 1은 개성을 상징합니다. 선구자와 개척자의 숫자입니다. 당신은 이끄는 자로서 남을 따르지 않으며, 다른 사람에게 고용되어 일하는 것보다 본인 사업을 운영할 때 더 일을 잘합니다. 또한 자급자족적이고 정직하며, 발명에 타고난 재능을 가지고 있습니다. 이 숫자에 공명하는 사람들은 항상 자신의 계획이나 프로젝트를 완수합니다.
- 일반적인 해석 : 긍정적인 면 – 독립적, 단결, 새로운 시작, 조직력, 창의력, 비전통성, 의사소통 능력. / 부정적인 면 – 게으름, 이기심, 과한 폭력성.

2 (Two)

- 개인적인 해석 : 2는 함께 행동하는 것을 상징합니다. 당신은 단체 활동을 잘하며 혼자 일하거나 혼자 사는 것을 좋아하지 않습니다. 공동체 작업을 즐기고 대가를 바라지 않고 베풉니다. 세상의 중재자이며 다정함과 친절로 사랑받습니다. 때때로 수줍어하며 혼자보단 타인과 같이 사는 걸 선호합니다.
- 일반적인 해석 : 긍정적인 면 - 협력, 외교력, 이중성, 부드러움, 안전감, 친절과 사랑, 인내심. / 부정적인 면 - 매우 수동적, 과한 자기중심성, 과도한 민감성.

3 (Three)

- 개인적인 해석 : 3은 창의성을 상징합니다. 당신은 인기가 많으며 신체적인 것보다 정신적인 면이 잘 작동합니다. 작가, 예술가, 음악가로 일하며, 친절함과 직관이 당신의 본성을 가장 잘 설명합니다. 다른 사람들에게 행복을 가져다주고 무언가를 쌓고 만드는 일을 좋아합니다. 꿈을 좇고 그것을 이루려고 합니다. 본능적인 걸 즐기며 모든 것에서 아름다움을 보려고 합니다.
- 일반적인 해석 : 긍정적인 면 - 열정, 상상력, 창의성, 리더십, 재능, 즐거움, 성적 매력, 영감. / 부정적인 면 - 질투, 타인에 대한 과도한 기대.

4 (Four)

- 개인적인 해석 : 4는 조직력을 상징합니다. 당신은 현실적이고 논리적이며 불평 없이 일합니다. 집에 있는 것을 좋아하며 어리석은 일에 손을 대지 않습니다. 책임감은 본성이며 모두가 당신에게 기대며 일이 바로잡히길 바랍니다. 깜짝 놀라는 것을 좋아하지 않으며 모든 것이 제자리에 있는 걸 좋아합니다. 당신은 훌륭한 생산자이며 안정이라는 단어의 본보기입니다.
- 일반적인 해석 : 긍정적인 면 – 조직적, 단단함, 실용적, 근면함, 진지함, 섬세함, 보호, 안전. / 부정적인 면 – 과로, 인내심 부족, 지루함, 고집스러움.

5 (Five)

- 개인적인 해석 : 5는 자유를 상징합니다. 변화를 즐기고 그 어떤 것에도, 누구에게도 매여 있길 원하지 않습니다. 당신은 모험가이며 모든 것을 다 해보고 싶어 합니다. 대중과 소통하는 것을 좋아하며 배움에 대한 열정이 있습니다. 친구를 빨리 사귀고 새로운 아이디어를 시도하는 데 주저함이 없습니다. 편하게 쉴 시간은 존재하지 않습니다. 삶의 재미를 찾아 돌아다녀야 합니다.

- 일반적인 해석 : 긍정적인 면 – 변화, 다재다능함, 활기, 고유함, 여행가, 비전통적. / 부정적인 면 – 지나치게 제멋대로인 성향, 무책임함, 안정적이지 않음.

6 (Six)

- 개인적인 해석 : 6은 조화를 상징합니다. 예술적인 본성을 가지고 있으며 가족과 친구를 사랑합니다. 당신은 나누는 사람이며 받는 것보다 주는 것을 선호합니다. 책임감이 있고 인도주의적입니다. 당신이 가진 것을 다른 사람과 나누고 즐기는 것 또한 본성입니다. 파트너십 유형으로, 독립적인 유형과 정반대입니다.

- 일반적인 해석 : 긍정적인 면 – 책임감, 아름다움, 본성, 사랑, 친화적, 안전. / 부정적인 면 - 과도한 자부심, 간섭, 고집.

7 (Seven)

- 개인적인 해석 : 7은 이해를 상징합니다. 매우 현명하며 지식을 추구합니다. 자신만의 그룹에 함께 하는 걸 좋아하지만 혼자 있거나

삶에 대해 반추하는 걸 싫어하진 않습니다. 형이상학과 초자연적인 현상에 관심을 기울이며, 영성은 삶의 여정의 일부입니다. 심령술사로 일하면 잘 맞겠지만 가끔 오해를 받거나 특이하다고 생각될 수 있습니다.

- 일반적인 해석 : 긍정적인 면 – 명상, 배움, 전문성, 교육, 상담, 지능. / 부정적인 면 – 게으름, 무관심, 공상, 중독적인 행위.

8 (Eight)

- 개인적인 해석 : 8은 힘을 상징합니다. 당신은 성취자이자 성공한 사람입니다. 우주가 돌아가는 원리를 이해하고 이를 이용해 삶에서 원하는 것을 얻어냅니다. 욕심 내지 않고 균형을 배우면서 말이죠. 모든 것을 극한까지 몰고 가는 경향이 있으며 중간에 그만두지 않습니다. 대중 연설이 강점이며 말뿐만 아니라 글로도 소통을 잘 합니다.
- 일반적인 해석 : 긍정적인 면 – 사업, 돈, 야망, 관용, 형이상학, 성취. / 부정적인 면 – 사치, 편협함, 엄격함.

9 (Nine)

- 개인적인 해석 : 9는 완성을 상징합니다. 당신은 동정심이 있으며 다정하고 배려가 깊으며 세심합니다. 현명한 조언과 안내를 잘 건넵니다. 또한 직관이 매우 뛰어나므로 스스로의 생각과 감정을 따라가는 것이 가장 좋습니다. 당신의 지식과 통찰을 다른 이들과 나누고 기쁨을 얻습니다. 용서하고 잊는 일은 당신 안에 깊이 자리하

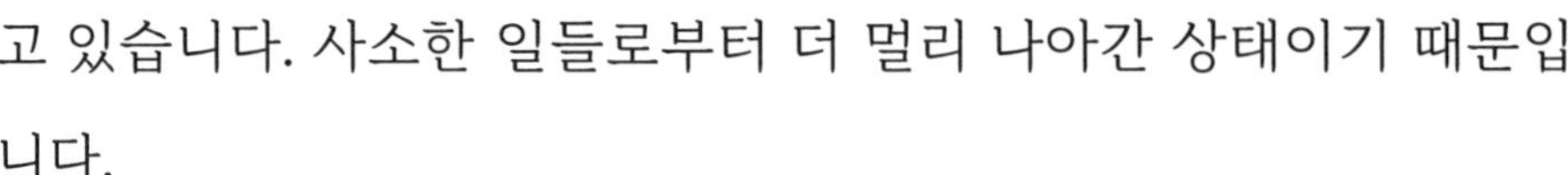

고 있습니다. 사소한 일들로부터 더 멀리 나아간 상태이기 때문입
니다.

- 일반적인 해석 : 긍정적인 면 - 직관성, 충족감, 평온함, 창의성, 탁월함. / 부정적인 면 – 변덕스러움, 가끔 드러나는 이기심, 내성적.

11 (Eleven)

- 개인적인 해석 : 11은 빛의 마스터 숫자입니다. 당신은 강단에서 가르치고, 교육하고, 세상에 변화를 가져오는 일을 해야 합니다. 철학적인 성향을 지니고 있으며, 그들 중 일부는 많은 기대를 받고 있습니다. 유명한 예술가에서 정치인까지, 원하는 건 뭐든 될 수 있고 선택에 한계는 없습니다. 당신은 사람들이 생각하도록 만들 수 있고, 사람들은 당신의 행동을 지켜보고 따르므로 모든 행동과 말은 신중히 해야 합니다.
- 일반적인 해석 : 긍정적인 면 – 능력, 심령적 지식, 영감. / 부정적인 면 – 자만심, 회의주의, 타인을 향한 냉담함.

22 (Twenty-two)

- 개인적인 해석 : 22는 극기의 숫자입니다. 당신은 추구하는 어떤 사업, 직업에서든 전문가입니다. 타인에게 도움이 되도록 전문성을 사용해야 하며 선택한 영역에서 큰 규모로 일을 해야 합니다. 작은 마을에서 일을 하는 대신 세계적인 대기업을 운영할 것입니다. 당신은 표창을 받진 않지만 퓰리처 상을 수상하며, 당신이 가는 길은 전세계적이고 광범위합니다.

- 일반적인 해석 : 긍정적인 면 – 리더십, 예지력, 성취, 타인을 도움으로써 얻는 명성. / 부정적인 면 – 자만심, 스트레스, 무감각.

수비학을 이용한 재밌고 간단한 실험도 몇 가지 소개해 보겠습니다.

1. 당신의 집주소를 모두 더한 다음 결과를 살펴보세요. 예를 들어, 엘름가(Elm Street) 438번지라면, 4 + 3 + 8 = 15가 됩니다. 그 다음, 1 + 5 = 6이 되죠. 이제 숫자 해석표에서 숫자 6에 대한 내용을 살펴보세요. 그리고 당신의 집이나 집이 될 곳에 대한 느낌과 맞는지 알아보세요.

2. 휴가 때 갈 숙소의 방 번호를 모두 더해 보세요. 예를 들어, 방 번호가 91이라면, 9 + 1 = 10입니다. 그 다음, 1 + 0 = 1이 되죠. 숫자 1에 대한 설명을 읽어 본 후 어떤 재밌는 정보가 있는지 살펴보세요. 만약 방 번호가 3 같이 단일 숫자라면 숫자 3에 대한 설명을 읽어 보면 됩니다.

이름으로 숫자를 더하고 싶다면, 286쪽의 '알파벳에 해당하는 숫자' 표를 참고해서 기본 방식을 똑같이 적용하면 됩니다. 평상시에 쓰지 않더라도 이름은 꼭 주민등록상에 기재된 것으로 사용해야 합니다. 만약 입양된 경우라면 원래 이름을 알고 있을 경우에만 그 이름을 사용하도록 합니다.

주민등록상의 이름은 강한 진동을 가져다 줍니다. 별명이나 가명, 결혼한 뒤 얻은 성, 주니어(Junior)나 Jr 같은 이름은 쓰지 않도록 합니다.

바바라 J. 비숍(Barbara J. Bishop)은 그녀의 책 『수비학』에서 주니어

(Junior)나 Jr 같은 이름에 대해 "이름에 따라오는 명칭일 뿐이므로 수비학에선 사용하지 않는다."라고 말했습니다. 또한 주식회사(corporation, Corp., Inc.) 같은 단어를 회사 이름의 일부로 포함시키지 말라고 조언하기도 했습니다.

알파벳에 해당하는 숫자

1	2	3	4	5	6	7	8	9
A	B	C	D	E	F	G	H	I
J	K	L	M	N	O	P	Q	R
S	T	U	V	W	X	Y	Z	

이름에 담긴 각각의 알파벳에 해당하는 숫자를 찾아보고, 생년월일과 함께 계산해 보세요.

예를 들어, 이름의 알파벳이 C A R O L M A R I E J O H N S O N 이라면, 해당하는 숫자는 3 1 9 6 3 4 1 9 9 5 1 6 8 5 1 6 5 입니다. 이제 이 숫자들을 함께 더해 보겠습니다.

3 + 1 + 9 + 6 + 3 = 22, 4 + 1 + 9 + 9 + 5 = 28, 1 + 6 + 8 + 5 + 1 + 6 + 5 = 32가 나옵니다.

22 + 28 + 32 = 82 라는 합계가 나오며, 숫자가 1개가 될 때까지 계속 더합니다.

8 + 2 = 10 이므로, 1 + 0 = 1 이 됩니다.

· 21 ·
서양 점성술

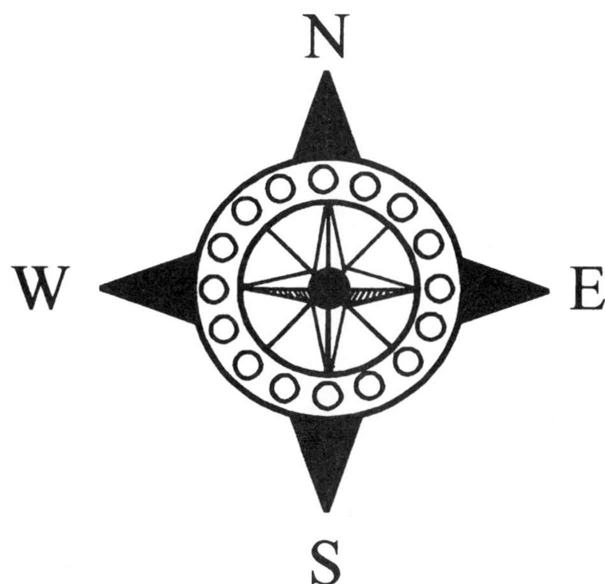

서양 점성술은 믿음의 여부와 상관없이 삶 곳곳에서 찾아볼 수 있습니다. 별자리 운세는 일간신문, 인터넷, 잡지, 달력, 커피잔 등 상상할 수 있는 모든 곳에 쓰여 있죠. 또한, 대부분의 사람들이 역시나 믿음과 상관없이 자신의 별자리를 알고 있습니다. 만약 모른다고 하더라도, 점성술의 철학이 존재한다는 건 알고 있을 겁니다. 점성술, 매일의 별점, 별자리 용어는 낯설지 않습니다.

서양 점성술은 달을 기반으로 이루어진 동양 철학과 달리, 태양을 기반으로 이루어져 있습니다. 우리의 본성과 성격을 표현하는 행성 상징을 사용하죠.

이번 섹션에서 저는 서양 별자리에 대한 보편적인 정보와 각각의 상징에 대한 내용을 사례와 함께 설명해 보려고 합니다. 이 해석들은 서양 점성술에 관한 대중적인 정보에 불과합니다. 서양 점성술은 매우 복잡한 주제이므로, 점성술사를 직업으로 삼고 싶거나 전문가가 되고 싶다면 이 시스템을 완벽히 이해하기 위해 몇 년간 공부해야 합니다.

별자리와 행성의 세부 규칙에는 12개의 상징이 있습니다. 서양 별자리의 각기 다른 지표는 성격 특성을 묘사합니다. 당신이 태어난 달과 날짜에 맞는 상징을 찾아보고, 그에 맞는 특성을 살펴보세요.

날짜 범위는 출처에 따라 달라질 수 있지만 제가 이 책에서 제공한 정보들과 유사할 것입니다. 물, 불, 땅, 공기로 구성된 4가지 요소는 각 상징과 연관이 있으며 특성의 또 다른 면을 의미합니다.

점성술에 관해서 자세하게 설명하진 않겠습니다. 많은 독자들이 이미 정보에 쉽게 접근할 수 있으니까요.

각각의 별자리와 영향력

양자리 : 3월 21일 ~ 4월 20일

- 행성 : 화성
- 요소 : 불

- 성격 특징 : 양자리는 뛰어난 실행 능력을 가지고 있으며, 즉흥적이고 관대합니다. 이 열정적인 별자리에 속한 사람들은 너무 고집스러워지지 않도록 주의해야 하며, 감정적 행동을 통제하는 법을 배워야 합니다. 또한 창의적이며, 따르는 것이 아니라 이끌기 위해 태어난 별자리입니다. 그들은 훌륭한 리더입니다.

황소자리 : 4월 21일 ~ 5월 20일

- 행성 : 금성
- 요소 : 땅
- 성격 특징 : 황소자리는 자제력이 있으며 어떤 일을 하든 일관성이 있습니다. 자신의 파트너에게 진실되며 좋은 부모가 되려고 합니다. 일을 열심히 하고 병치레가 적습니다. 또한 황소자리는 단순해서 타인과 쉽게 잘 지냅니다. 그들은 따스하고 현실적이며 '전쟁이 아닌 사랑'을 믿습니다.

쌍둥이자리 : 5월 21일 ~ 6월 20일

- 행성 : 수성
- 요소 : 공기
- 성격 특징 : 쌍둥이자리는 매력적이며 우수하고, 열정적이며 공정합니다. 이들은 이중적인 면을 가지고 있고 변화를 사랑합니다. 타인과 소통하는 능력이 강점이며, 어떤 갈등이든 판단을 내리기 전엔 양쪽 상황을 모두 생각해 보려 합니다. 그들은 빠르게 이해하며 궁금증이 많습니다.

게자리 : 6월 21일 ~ 7월 20일

- 행성 : 달
- 요소 : 물
- 성격 특징 : 게자리는 섬세하고 친절합니다. 직관적이고 사랑스럽지만 자신이 보살펴야 하는 사람들에 대해 지나치게 걱정하는 면이 있습니다. 이중적인 면도 가지고 있는데, 그들은 무대에 올라 사람들의 주목을 받다가도, 그 다음엔 산 정상에서 혼자 살고 싶어 합니다.

사자자리 : 7월 21일 ~ 8월 20일

- 행성 : 태양
- 요소 : 불
- 성격 특징 : 사자자리는 리더가 되기 위해 태어났습니다. 그들은 힘이 막강한 자리에 쉽게 오르며 그곳에 있는 것을 좋아합니다. 매우 관대하며 잘 용서하고 쉽게 잊습니다. 때로는 겸손함을 배울 필요도 있습니다. 그들은 잘 나누지만 잘 받으려 하진 않습니다.

처녀자리 : 8월 21일 ~ 9월 20일

- 행성 : 수성
- 요소 : 땅
- 성격 특징 : 처녀자리는 똑똑하고 고등 교육에 대한 깊은 존중을 가지고 있습니다. 다른 별자리들보다 덜 감정적이며, 자신과 타인에 대해 엄격하게 판단합니다. 소통의 미학을 이해하며 일이 많

아도 불평하지 않습니다. 순수하게 생각하며 완벽주의자이기도 합니다. 경계가 풀리면 어린아이 같은 면이 드러나기도 합니다.

천칭자리 : 9월 21일 ~ 10월 20일

- 행성 : 금성
- 요소 : 공기
- 성격 특징 : 천칭자리는 기분 좋은 동반자입니다. 아름다움에서 즐거움을 찾고 그룹 활동에서 재미를 느낍니다. 감정적으로 균형을 잘 유지하는 걸 중요하게 생각하며, 사회생활 속에서도 빛이 납니다. 그들은 잘 맞는 파트너를 찾으면 애정에 변하지 않습니다.

전갈자리 : 10월 21일 ~ 11월 20일

- 행성 : 화성
- 요소 : 물
- 성격 특징 : 강력한 힘이 전갈자리를 이끕니다. 어떤 사람이나 상황에 대한 열정이 커서, 사랑이 찾아왔을 때 논리적으로 생각하지 않으면 유혹에 넘어갈 수 있습니다. 그들은 열정적이며 자석처럼 무언가를 끌어당기는 힘이 있는, 매력적인 사람들입니다.

궁수자리 : 11월 21일 ~ 12월 20일

- 행성 : 목성
- 요소 : 불
- 성격 특징 : 궁수자리는 철학적이며 매우 뛰어난 결혼 파

트너이자 비즈니스 파트너입니다. 그들은 모험심이 강하고 긍정적이며, 누구에게든 양질의 조언을 제공합니다. 이 다정한 영혼들은 활달하며 눈치가 빠릅니다.

염소자리 : 12월 21일 ~ 1월 20일

- 행성 : 토성
- 요소 : 땅
- 성격 특징 : 염소자리는 별자리 중 가장 열심히 일합니다. 매우 독립적이며, 가장 고차원의 성취자이기도 합니다. 깊이 있고 진실한 모습을 보여주죠. 매력적인 외형을 가지고 있지만 사랑 문제가 발생할 땐 신중해집니다. 염소자리는 성공을 의미합니다. 순수한 야망을 가지고 일을 만들어 나가기 때문입니다.

물병자리 : 1월 21일 ~ 2월 20일

- 행성 : 천왕성
- 요소 : 공기
- 성격 특징 : 물병자리는 다양한 분야에 재능이 있으며 자주 인정을 받곤 합니다. 그들은 타인의 조언이 아닌, 자신의 느낌에 귀 기울일 때 가장 성취도가 높습니다. 직관의 상징으로서 그들은 예지자입니다. 시끄럽게 굴거나 요구하지 않고, 정직하며 이타적입니다. 하지만 때로는 차갑게 보이기도 합니다.

물고기자리 : 2월 21일 ~ 3월 20일

- 행성 : 목성, 해왕성
- 요소 : 물
- 성격 특징 : 물고기자리는 사교적인 사람들입니다. 감정적이고, 감성적이며, 로맨틱한 면이 있어 인기가 많습니다. 이들은 스스로에게 미안해질 정도로 뭔가를 결정하길 어려워하는 경향이 있습니다. 또한 어두운 구석을 밝게 비추는 능력을 가지고 있으며, 힘이 되는 친구이기도 합니다.

서양 점성술 속 요소의 의미

불 : (양자리, 사자자리, 궁수자리) 불은 행복과 에너지 넘치는 사람을 상징합니다.

땅 : (황소자리, 처녀자리, 염소자리) 땅은 '땅으로 돌아감', 상식적인, 현실적인 것을 상징합니다.

공기 : (쌍둥이자리, 천칭자리, 물병자리) 공기는 생각과 상황을 깊이 고심하는 것을 상징합니다.

물 : (게자리, 전갈자리, 물고기자리) 물은 감정적이고 통찰력이 있으며 세심한 것을 상징합니다.

★ 참고 사항 : 이 책에서 저는 중국 점성술, 서양 점성술, 수비학에 대해 아주 일반적인 정보만 설명했습니다. 좀 더 깊이 있는 분석을 원한다면 한층 높은 단계의 정보를 찾아보길 추천합니다.

마무리하며

달의 에너지를 활용하는 법을 배우고 각 위상에 따른 힘에 친숙해진다면, 그 활력이 우리 삶 속으로 들어오도록 바꿀 수 있습니다.

주문을 발판 삼아 생각을 기획하면, 체계적인 방식을 통해 행동으로 이어집니다. 주문은 당신 마음의 전반적인 분위기를 만들어내 원하는 것에 초점을 맞춰 주는 시작점이 됩니다. 물리적인 영역 너머에 무언가 존재한다고 믿는 사람들에게 주문은 성공적으로 작동할 것입니다. 저에게, 그리고 같은 마음을 지닌 사람들에게 그랬던 것처럼요. 헨리 포드(Henry Ford)는 이렇게 말했습니다. "할 수 있다고 생각하든, 못한다고 생각하든, 당신이 옳습니다!"

참고문헌

Abell, George O., and Barry Singer. Science and the Paranormal. New York: Charles Scribner's Sons, 1981.

Arnold, Larry, and Sandy Nevius. The Reiki Handbook. Harrisburg, PA: ParaScience International, 1982.

Biedermann, Hans. Dictionary of Symbolism. New York: Facts on File, Inc., 1989.

Cayce, Hugh Lynn. Venture Inward. New York: Paperback Library, 1964.

Dunwich, Gerina. The Magick of Candle Burning. Secaucus, NJ: Carol Publishing Group, 1989.

Greenhouse, Herbert B. The Book of Psychic Knowledge. New York: Taplinger Publishing Co., 1973.

Hewitt, William W. Astrology for Beginners. St. Paul, MN: Lewellyn Publications, 1993.

Hoffman, Enid. Develop Your Psychic Skills. Gloucester, MA: Para Research, 1981.

Hope, Murry. Practical Techniques of Psychic Self-Defense. New York: St.

Martin's Press, 1983.

Howard, Jane M. Commune with the Angels. Virginia Beach, VA: A.R.E. Press, 1992.

Kennedy, David Daniel. Feng Shui for Dummies. Foster City, CA: IDG Books Worldwide, Inc., 2001.

Talesco, Patricia. Love Magic. Freedom, CA: The Crossing Press, 1999.

Silbey, Uma. The Complete Crystal Guidebook. San Francisco, CA: URead Publications, 1986.

Sullivan, Kevin. The Crystal Handbook. New York: Penguin Group, 1987.

Time Life Books. Search for the Soul. Alexandria, VA: 1989.

색인(Index)

달에게 기도하여 원하는 것을 얻는 방법
달의 주문

1판 1쇄 발행 2025년 12월 1일

지은이 다이앤 알퀴스트
펴낸곳 이세계의서재
펴낸이 양희재
만든이 이세계의서재 편집팀

출판등록 제 393-2022-000024 호(2022년 7월 11일)
주소 경기도 안산시 단원구 고잔2길 45, 7층 701-86호
ISBN 979-11-94507-35-2(13180)
이메일 therichlib123@gmail.com